MON JOURNAL

Paris. — Imp. Lacrampe et Comp., rue Damiette, 2.

MON JOURNAL

ÉVÉNEMENTS DE 1815

PAR

LOUIS-PHILIPPE D'ORLÉANS

Ex-Roi des Français

I

PARIS

MICHEL LEVY FRÈRES, LIBRAIRES-EDITEURS

RUE VIVIENNE, 1

1849

5 MARS 1815.

M. de Blacas vient me chercher de la part du Roi. — Il m'apprend que Buonaparte est en France. — Ma conversation avec le Roi. — S. M. me notifie son intention de m'envoyer à Lyon avec Monsieur. — Je me rends chez Monsieur. — Ma conversation avec lui.

Le 5 mars 1815, à onze heures du soir, j'étais encore dans le salon du Palais-Royal, lorsqu'on annonça que M. de Blacas était dans mon antichambre, qu'il ne voulait pas entrer et demandait à me parler. Je sortis aussitôt, et il me dit d'un air mystérieux et à voix basse :

— Le roi voudrait voir Monseigneur immédiatement.

— Je vais, lui répondis-je, mettre mon uniforme, et me rendre chez le roi.

— Non, me dit-il, cela n'est pas nécessaire, le roi vous demande comme vous êtes, et, si vous le permettez, j'aurai l'honneur de vous mener dans ma voiture.

— Quoi, lui dis-je, en frac aux Tuileries! cela va faire une histoire dans tout Paris.

— N'importe, reprit-il.

— Mais qu'est-ce que le roi me veut donc à cette heure et avec cette presse?

— Le roi se réserve de le dire lui-même à Monseigneur; mais je peux le lui dire d'avance : Buonaparte est en France.

— En France?

— Oui, en France, cela est certain; cela sera public demain; mais le roi prie Monseigneur de n'en pas parler.

Je rentrai aussitôt dans mon salon, où ma conversation mystérieuse avait déjà répandu de l'inquiétude; je dis à haute voix à ma femme que j'allais sortir un moment, et que je reviendrais dans une demi-heure.

Je partis avec M. de Blacas, qui me raconta, chemin faisant, que cette nouvelle était annoncée par cinq dépêches télégraphiques qu'on avait reçues de Lyon depuis deux heures après midi ; que Buonaparte n'avait que très-peu de monde avec lui : selon un rapport, mille hommes, selon un autre, quatorze cents.

— N'importe, lui dis-je, le danger est immense.

— Le roi, reprit-il, ne l'envisage pas ainsi, et vous le trouverez très-calme.

— Tant mieux qu'il soit calme, lui répliquai-je ; mais tâchez qu'il ne se fasse pas illusion.

— Je vois, me dit-il, que cette nouvelle vous fait une très-grande impression.

— Oh ! très-forte, lui répondis-je ; et nous arrivâmes aux Tuileries.

Nous traversâmes la salle des gardes, où des gardes-du-corps, couchés sur des matelas par terre, ouvraient les yeux avec étonnement pour me voir passer à cette heure, et en frac. J'entrai tout de suite chez le roi avec M. de Blacas.

Le roi avait alors depuis quelques jours un

léger accès de goutte, qui était pourtant assez fort pour l'empêcher de marcher et de quitter son fauteuil. Il me dit, dès que je fus devant lui :

— Eh bien, Monsieur, Buonaparte est en France.

— Oui, Sire, répondis-je, et j'en suis bien fâché.

— Ah! j'aimerais autant qu'il n'y fût pas, mais puisqu'il y est, il faut espérer que ceci sera une crise heureuse qui nous en débarrassera.

— Je le souhaite, Sire, mais je crains que si une fois les troupes se joignent à lui, cela ne fasse boule de neige : il faudrait n'envoyer à sa rencontre que des troupes qu'on fût certain de pouvoir faire tirer sur lui, car, si les premières troupes tergiversent, cela deviendra grave.

— Oh! j'espère que non, reprit le roi; c'est le général Marchand qui se porte sur lui avec la garnison de Grenoble d'un côté, et de l'autre, le général Mouton avec la garnison de Valence, parce qu'il paraît que de Digne, où nous savons qu'il était arrivé le 5 mars, il marchait sur Gap.

— Sire, lui répondis-je, je ne sais rien de la garnison de Grenoble, mais pour celle de Valence, Votre Majesté ne doit pas y compter du tout, car je l'ai vue, et je suis persuadé que le 4e régiment d'artillerie à cheval, dont un tiers est formé des débris de l'artillerie de la garde impériale, ne fera rien contre Buonaparte, et probablement se joindra à lui.

— J'espère que non, reprit le roi, mais il me semble que vous voyez la chose en noir, il ne faut pas se décourager; voyez si j'ai l'air découragé.

— J'admire le sang-froid de Votre Majesté, et je suis bien heureux de la voir si calme. J'avoue que, quant à moi, je trouve la crise un peu forte.

— Oh! nous en viendrons à bout, et il faut prendre des mesures pour cela. J'envoie mon frère à Lyon, j'envoie le duc de Berri à Besançon, et j'écris au duc d'Angoulême (1) de se rendre à Nismes; vous, je vous destine à aller à Lyon, sous mon frère.

— Sire, lui répondis-je, un mouvement de Nismes à Besançon me paraît bien vaste; et Votre Majesté croit-elle prudent d'envoyer ainsi tous les princes sans aucunes troupes?

— Je fais marcher des troupes en même temps, mais il faut que mes princes se montrent.

— Mais, Sire, ne serait-il pas plus naturel de commencer par réunir des troupes sur certains points, pour s'assurer de leur esprit et de leurs dispositions? Par exemple, je crois que je pourrais être plus utile à Votre Majesté en m'occupant à réunir un corps de troupes entre Lyon et Paris à tout événement.

— Point du tout, me dit le roi en m'interrompant assez sèchement, vous serez beaucoup plus utile avec mon frère, qui vous donnera à

(1) M. le duc et madame la duchesse d'Angoulême étaient partis pour Bordeaux peu de jours avant qu'on eût connaissance du débarquement de Buonaparte.

commander une division ou un corps, enfin quelque chose, comme il voudra.

— Et Votre Majesté n'est pas inquiète de rester ainsi seule à Paris? car, dans l'état où elle est, sans pouvoir bouger de ce fauteuil, il me semble qu'il serait bien désirable qu'elle gardât auprès d'elle un des princes, et je serais bien heureux si elle daignait me donner cette destination.

— Je vous suis fort obligé, me dit le roi, mais je n'ai besoin de personne, et il vaut mieux que vous alliez à Lyon : je ne dis pas que vous partiez ce soir, mais graissez vos bottes, et revenez me voir demain matin.

De chez le roi, je me rendis chez Monsieur qui se préparait à partir dans la nuit. Je m'efforcai de convaincre Monsieur de la mauvaise disposition des troupes envers le roi, et, quoiqu'il n'en parût pas entièrement persuadé, cependant il en était inquiet, et il me dit :

— Eh bien, si les troupes ne veulent pas marcher droit, je rassemblerai les gardes nationales, j'en suis colonel-général, et j'en aurai dix mille s'il le faut.

— Je doute, lui dis-je, que vous en ayiez beaucoup dans le Lyonnais et le Dauphiné.

— Oh, j'en aurai en Dauphiné, reprit-il, j'ai été très-bien reçu à Grenoble (1), même avec beaucoup d'enthousiasme.

— Cela peut bien être, lui dis-je, mais, ne vous faites pas d'illusions ; Buonaparte, avec ses mille hommes de vieille garde, ne sera pas arrêté par dix mille hommes de garde nationale. En outre, prenez garde, en appelant les gardes nationales, de ne pas donner de la jalousie aux troupes de ligne.

Monsieur parut sentir la vérité de ce que je disais, mais il était pressé de partir, croyant que son départ en imposerait et ferait beaucoup d'effet. Il partit donc peu d'heures après, et je retournai au Palais-Royal, où je passai une nuit bien triste et bien agitée.

(1) Monsieur avait parcouru ces départements quelques mois auparavant.

6 MARS.

Dispositions pour s'opposer à Buonaparte ; leur inefficacité. — Je vais chez le Roi. — S. M. me donne définitivement l'ordre de partir pour aller rejoindre Monsieur à Lyon.

Le lendemain matin, 6 mars, je revis M. de Blacas qui m'apprit que le roi allait convoquer les Chambres. Il me montra en même temps l'état des troupes qu'on dirigeait sur Lyon, au nombre d'environ trente mille hommes. Quelques-unes venaient de Strasbourg et de Lorraine, et d'autres du Limousin ; je trouvai ce déploiement énorme, et je revins à suggérer à M. de Blacas l'idée de former plutôt de petits corps d'armée des troupes qui seraient dans les meilleures dispositions, au lieu de les exposer à marcher isolément, et de les diriger, comme on faisait, à l'aventure, sur Lyon, où Buonaparte pouvait arriver avant elles. Je représentai à M. de Blacas qu'à Lyon, je serais absolument inutile au roi et à Monsieur, puisqu'il n'y avait aucunes troupes ; que d'ailleurs, le second qu'il fallait donner à un prince n'était pas un autre prince, mais un maréchal. Il me répondit, en effet, qu'il y avait un maréchal désigné pour accompagner chaque prince; que le maréchal Gouvion de Saint-Cyr était désigné pour Monsieur, le maréchal Macdonald pour M. le duc d'Angoulême, et le maréchal Ney pour M. le duc de Berri. J'aurais pu lui demander quel était le maréchal que le roi me destinait, car il était peu flatteur pour moi qu'on ne désignât aucun maréchal pour m'accompagner, tandis qu'on en donnait un à chacun des autres princes que le roi envoyait en mission ; mais je me contentai de représenter à M. de Blacas que, placé auprès de Monsieur, entre lui et un maréchal, il arriverait nécessairement que je serais inutile, et que j'entraverais le commandement, ce qui ne me convenait ni d'une manière, ni de l'autre, et que je ne pouvais pas me persuader qu'il convînt au roi de me réduire à n'être en réalité qu'un aide de camp de Monsieur.

— Oh ! sûrement pas, me dit M. de Blacas, Monsieur emploiera Monseigneur d'une manière convenable.

— Mais à quoi voulez-vous qu'on m'emploie, mon cher comte, s'il n'y a pas de troupes?

M. de Blacas me répéta qu'elles arriveraient. Alors, voyant que je ne gagnais rien par cette chaîne d'arguments, quelque bons qu'ils me parussent, j'en essayai un autre; je lui parlai de la position du roi, de l'impossibilité où il était alors de quitter son fauteuil, et de veiller lui-même à l'exécution de ses ordres. Je lui représentai qu'il pouvait être suffoqué d'un moment à l'autre par la goutte remontée ou par une apoplexie, et qu'il était de la plus haute importance qu'il gardât auprès de lui au moins un des princes. J'ajoutai que s'il ne me jugeait pas digne de cette confiance, il retînt M. le duc de Berri ; et que, dans tous les cas, comme je désirais n'être employé qu'à ce qui serait réellement utile, je voudrais être dispensé de cette désagréable et inutile mission d'aller à Lyon sous Monsieur.

— Il faut absolument, lui dis-je, que le roi se forme au plus vite un petit corps d'armée disponible, qui remédie aux défauts de l'organisation et de la composition de la maison du roi ; car, ne vous y trompez pas, mon cher comte, quels que soient le dévouement au roi et le courage des individus qui la composent, cette troupe-là est, militairement parlant, hors d'état de soutenir le choc d'aucune partie de l'armée qui se décidera à l'attaquer.

M. de Blacas convenait que la maison du roi manquait d'infanterie, dont, disait-il, la formation avait été retardée par les difficultés qu'il y avait eu à rétablir les gardes-françaises ; mais il ne se persuadait pas de ce que je lui disais, que cette cavalerie composée de *soldats-officiers* ne pouvait ni faire une campagne de deux jours, ni résister au choc d'une cavalerie composée de *soldats-soldats*, organisée et dressée d'après les principes modernes. Ce fut en vain que, pour remédier à ces inconvénients, que je voyais bien qu'on n'avait jamais sentis, j'offris de m'efforcer de former au roi un corps d'armée aussi complet que le temps et les circonstances le permettaient encore; il me répondit qu'il pensait que je n'obtiendrais pas du roi de ne pas insister sur mon départ pour Lyon, parce que Monsieur avait demandé au roi sa parole de me faire partir et de m'envoyer à lui, et que le roi la lui avait donnée.

— Avec de telles mesures, mon cher comte, lui dis-je, je crains bien que nous ne trouvions personne qui veuille se battre contre Buonaparte.

— Oh! je ne crains pas cela, reprit vivement M. de Blacas; vous verrez un immense parti se déclarer pour le roi.

— Je le souhaite, mon cher comte, lui répliquai-je, mais j'en doute.

J'allai ensuite chez le roi, qui me dit dès qu'il me vit :

— Eh bien, vos bottes sont-elles graissées?

Je répondis qu'elles l'étaient toujours quand il s'agissait de son service.

— En ce cas-là, me dit le roi, partez pour Lyon le plus tôt que vous pourrez; vous y trouverez mon frère, qui est parti cette nuit, et il vous dira ce que vous aurez à y faire.

Je réitérai alors au roi tout ce que j'avais dit le matin à M. de Blacas, sur l'inutilité et l'inconvenance de m'envoyer ainsi à Lyon. Mais ce fut en vain, c'était un parti pris irrévocablement, et je ne retirai d'autre fruit de ce que je dis au roi que la satisfaction de lui avoir fait un tableau véritable de l'état des choses, et celle de lui avoir fait connaître la répugnance que j'avais pour la triste commission qu'il m'imposait. Mes observations sur la nécessité que le roi gardât un des princes auprès de lui, eurent plus de succès, car le départ de M. le duc de Berri pour Besançon fut d'abord suspendu, et ensuite tout à fait contremandé.

7 ET 8 MARS.

Je pars pour Lyon. — Je rencontre à Pougues le duc de Tarente, qui allait à Lyon. — Disposition des habitants sur notre passage.

Je retournai au Palais-Royal faire tous mes préparatifs de départ, et je partis pour Lyon, le 7 mars, à onze heures du matin, avec tous mes aides de camp, qui étaient au nombre de six, savoir : le lieutenant-général baron Albert, les maréchaux de camp comte Thibaut de Montmorency et vicomte de Chabot, les colonels baron Athalin et comte Camille de Saint-Aldegonde, et le chef d'escadron baron Raoul de Montmorency.

Le 8 mars, pendant que je m'étais arrêté

pour déjeûner à Pougues, sur les bords de la Loire, je fus rejoint par le maréchal duc de Tarente, qui venait de Bourges, le chef-lieu de son gouvernement, où il s'était rendu peu de jours avant, pour en faire les honneurs à M. le duc et à madame la duchesse d'Angoulême, à leur passage en allant à Bordeaux. Il me dit qu'il avait reçu la veille la nouvelle du débarquement de Buonaparte par le courrier qui la portait à M. le duc d'Angoulême à Bordeaux ; qu'il avait expédié sur-le-champ à toutes les troupes de son gouvernement l'ordre de se porter sur Lyon, conformément à ce que le ministre de la guerre lui avait mandé ; et qu'ayant reçu l'ordre de se rendre à Nismes auprès de M. le duc d'Angoulême, il s'en allait à Lyon, parce que c'était la route de Bourges à Nismes. Je lui proposai de passer dans ma voiture, afin que nous puissions causer ensemble de tous ces événements, chemin faisant ; et je regardai comme une bonne fortune d'avoir rencontré ce maréchal, pour qui j'ai toujours conservé beaucoup d'estime et d'amitié, depuis le temps où nous avions servi ensemble. Il ne voyait pas la chose aussi en noir que moi, et ne désespérait pas qu'on pût arrêter la marche de Buonaparte. Cependant il pensait que le parti que prendraient les premières troupes qui se trouveraient en sa présence, était de la plus grande importance; que, si elles voulaient agir, il était probable qu'il serait promptement abandonné par ses propres gardes, dont le grand objet était de rentrer en France; mais que, si elles n'agissaient pas, et surtout si elles se joignaient à lui, l'affaire deviendrait très-grave, sans que pourtant il la crût absolument désespérée, parce qu'il restait encore des moyens; mais il ne me cacha pas qu'il craignait moins le défaut de moyens que la maladresse avec laquelle on les emploierait.

A Nevers, et surtout à Moulins, nous fûmes accueillis par beaucoup de cris de : *Vive le roi!* de la part du peuple. Mais des dragons que nous rencontrâmes sur la route étaient évidemment dans une autre disposition; et depuis Moulins jusqu'à Lyon, le peuple ne paraissait pas favorable au roi et aux Bourbons. Plus on approchait de Lyon, plus cette disposition était sensible; et j'avais déjà eu occasion de la remarquer, l'été dernier, à Roanne et à Tarare, lorsque j'y avais passé en me rendant en Sicile pour y chercher ma famille.

Comme nous devions passer la nuit dans nos voitures, le maréchal Macdonald quitta la mienne à Moulins pour retourner dans la sienne, où il était plus à son aise, et nous continuâmes notre route pour Lyon séparément.

9 MARS.

J'arrive à Lyon. — Ma conversation avec Monsieur. — Dénuement total de moyens de défense à Lyon. — Dispositions des troupes. — Je reçois la visite du corps des officiers de la garnison. — Arrivée du duc de Tarente. — Il est ordonné à la garnison de se réunir le lendemain matin — Communication des émissaires de Buonaparte avec la garnison.

J'arrivai à Lyon le 9 mars, à quatre heures du soir. Je fus frappé, en traversant le long faubourg de Vaise, de l'air morne, abattu et même agité des habitants. J'allai droit à l'Archevêché, où logeait Monsieur. Je trouvai sous les fenêtres un groupe de peuple qui criait : *Vive le roi!* continuellement, et demandait que Monsieur parût sur le balcon pour l'y applaudir.

Dès que j'entrai dans le cabinet de Monsieur qui était, comme à son ordinaire, en uniforme de garde national avec le cordon bleu par dessus l'habit :

— Eh bien, Monsieur, me dit-il, qu'est-ce que vous dites de tout ceci ?

— Mais, Monsieur, je ne sais rien ; j'arrive et je demande des nouvelles.

— Ah ! les nouvelles, elles ne sont pas jolies.

— Qu'est-ce qu'il y a donc?

— Ma foi, il y a que Buonaparte est entré à Grenoble dans la nuit du 7 au 8 ; il y a trouvé cent trente pièces de canon toutes prêtes, des munitions de toute espèce, je ne sais combien de fusils ; et, ce qu'il y a de pis, c'est que toutes les troupes qui étaient dans le Dauphiné sont passées de son côté ; et à Vienne, mon régiment de hussards, ces petits messieurs que vous aviez trouvés si jolis, viennent aussi d'en faire autant (1).

— En ce cas-là, lui dis-je, il sera devant Lyon ce soir ou demain matin.

(1) J'avais vu ce régiment à Vienne au mois de septembre précédent et j'en avais été fort content.

— Il ne tardera pas, reprit Monsieur, à être devant Lyon ou dedans; car, si vous voulez que je vous le dise, nous n'avons pas un canon ici, pas un fusil, pas une balle, et, ce qui est pis que tout, pas un écu. Voilà notre position, Monsieur; ah! la voilà au naturel.

— Elle n'est pas gaie, repris-je; puisque d'un côté Buonaparte a tous les moyens d'attaque, et que de l'autre vous n'en avez aucun pour lui résister et vous défendre, cette affaire-ci ne peut pas être longue; et il me semble qu'il ne vous reste autre chose à faire que de tâcher d'emmener avec vous les troupes qui sont ici, et de vous replier.

—Comment, me dit-il alors, quitter ainsi la seconde ville du royaume? Mais pensez-vous à l'effet que cela ferait dans toute la France, au découragement que cela répandrait?

— Ma foi, Monsieur, j'ai beau y penser, cela ne vous fournira pas des moyens de défense, et vous n'en avez pas; cela n'empêchera pas qu'il n'ait cent trente pièces de canon, et que vous n'en avez pas une.

**

— J'en ai fait venir d'Auxonne du canon.

— Ah! mais, d'Auxonne, repris-je, si vous ne l'avez pas fait venir en poste, il servira peut-être à Buonaparte, mais, à vous, il ne vous servira à rien.

— Il ne vient pas en poste, reprit Monsieur, mais je viens de faire ma proclamation, un appel aux gardes nationales, et je crois qu'elle fera quelqu'effet.

Alors Monsieur me donna à lire cette proclamation, dans laquelle je remarquai cette phrase : « *Braves Lyonnais, le frère de votre roi est venu vous confier sa personne pour partager avec vous la gloire et les dangers de la défense de votre ville.* »

— Ah! Monsieur, lui dis-je, ne faites pas afficher cela, s'il en est temps encore.

— Et pourquoi donc? me dit-il.

— Mais à cause de cette phrase-là, car il est clair qu'il peut y avoir beaucoup de dangers pour nous dans Lyon; mais, pour de la gloire, je crois pouvoir vous répondre qu'il n'y en aura point à recueillir.

— J'en suis bien fâché, me dit-il, mais elle est affichée partout à présent, et il n'y a plus à en revenir.

Le comte Roger de Damas qui, depuis peu, avait remplacé le maréchal Augereau dans le gouvernement de Lyon, entra dans le cabinet de Monsieur, et se joignit à notre conversation. Il apportait des nouvelles de Buonaparte dont on venait d'apprendre l'arrivée à Bourgoing. Je lui demandai ce qu'il pensait de la disposition de la garnison de Lyon, qui était composée de deux régiments d'infanterie, le 20e et le 24e, et du 13e de dragons. Il me répondit qu'il la croyait très-médiocre. Monsieur lui répliqua :

— Cependant ils m'ont fort bien reçu à la revue que j'en ai passée.

— Ah! Monsieur, reprit M. de Damas, quelques cris de : *Vive le roi!* isolés comme cela, ne me persuadent point de leurs dispositions, et la compagnie d'élite des dragons vous a littéralement fait la grimace. Monsieur, je vous l'ai dit dans le moment même.

— Oui, c'est vrai, vous me l'avez dit.

— Eh bien, Monsieur, je vous le dis de même, la disposition des troupes se gâte à chaque instant ; il me revient de tous les côtés des propos terribles.

— Mais, Monsieur, dis-je alors à M. de Damas, qu'est-ce que vous croyez donc que nous pouvons faire pour défendre Lyon, car, pour moi, je ne le vois pas?

— En vérité, me répliqua-t-il, je serais bien embarrassé de le dire; mais on m'avait fait espérer que vous aviez emmené le maréchal Macdonald, et celui-là pourrait donner de bons conseils à Monsieur.

Je lui répondis que je l'avais quitté à Moulins, et qu'il ne tarderait pas à arriver, mais qu'il me semblait que tous les maréchaux réunis ne défendraient pas une ville sans aucuns moyens quelconques de défense, contre un ennemi qui avait de très-grands moyens d'attaque. M. de Damas le pensait comme moi et en convenait ; mais il était, ainsi que Monsieur, partagé entre la crainte de partir trop tôt et celle de partir trop tard, et Monsieur se décida à attendre l'arrivée du maréchal Macdonald, avant de prendre aucun parti et de donner aucun ordre.

Je sortis du cabinet de Monsieur, et je chargeai un de mes aides de camp de retenir les chevaux qui m'avaient amené de Savigny (la dernière poste), car je prévoyais qu'un départ subit était inévitable, et je craignais que la précipitation ne fût si grande que le service de Monsieur n'absorbât tous les chevaux de poste, et ne m'exposât à en manquer. En effet, ils étaient déjà tous retenus pour cet objet.

J'eus la visite du corps des officiers de la garnison ; leurs physionomies n'annonçaient pas des dispositions bien favorables aux Bourbons ; cependant il y en eut, parmi ceux qui me connaissaient, qui me témoignèrent le plaisir qu'ils avaient de voir autour de moi, parmi mes aides de camp, des officiers qui avaient servi avec distinction dans leurs rangs, et le chagrin qu'ils avaient de ne voir que des émigrés autour de Monsieur.

— Ah ! on ne peut pas s'en étonner, dit un d'entre eux, quand on a vu rappeler un de nos maréchaux, qui était gouverneur de Lyon, pour le remplacer par un émigré qui ne nous fait pas même la grâce de porter le signe de la Légion d'honneur.

Pour gagner la garnison, Monsieur avait fait distribuer aux soldats, je crois, un écu par tête, et cette gratification, qui n'avait pas fait grand effet, avait pourtant achevé de vider sa bourse que d'autres largesses au peuple avaient déjà presque épuisée ; en sorte qu'il ne lui restait plus de quoi payer sa dépense, et encore moins des troupes, s'il parvenait à en emmener à sa suite. Il envoyait de tous les côtés, à la banque, chez le receveur, chez les négociants ; tout le monde trouvait des prétextes pour ne pas lui envoyer d'argent, et il était, à cet égard, dans une perplexité qui faisait vraiment peine à voir. On lui en faisait espérer pour le lendemain, à neuf ou dix heures du matin ; mais j'avoue que ce délai me paraissait ou une manière de colorer un refus, ou un piége pour le retenir et le livrer de la sorte à Buonaparte, dont je pensais que les troupes entreraient dans Lyon le lendemain, à la pointe du jour.

A six heures du soir, j'allai, avec Monsieur, chez M. de Damas, où on lui avait préparé un grand dîner qui fut fort triste. Monsieur attendait toujours le maréchal Macdonald, sans lequel il ne voulait prendre aucun parti. Il n'arriva qu'à neuf heures du soir, et ce ne fut qu'alors que nous sûmes qu'un essieu cassé à sa voiture était la cause de son retard. Il était attendu avec d'autant plus d'impatience, que tout le monde sentait la nécessité de sortir promptement, d'une manière ou de l'autre, de la position où nous étions à Lyon.

Aussitôt que le maréchal fut arrivé, Monsieur l'emmena dans le cabinet de M. de Damas, où il m'appela, et fit entrer les lieutenants généraux qui se trouvaient présents, savoir : le général Brayer, qui commandait à Lyon, sous M. de Damas, le général Digeon, le général Parthonneaux, et le général Albert, mon aide de camp. Le maréchal voulait avoir en outre le commandant du génie et celui de l'artillerie ; mais, quand je l'informai qu'il n'y avait à Lyon ni fortifications, ni canons, il me répondit gaîment :

— Ceci va simplifier beaucoup la défense de la place.

Deux pièces de trois, sans avant-train, que les Autrichiens avaient abandonnées à Lyon, composaient tout le matériel d'artillerie qu'on pouvait opposer à celui que Buonaparte avait trouvé à Grenoble. Le maréchal, qui cherchait tous les moyens possibles d'arrêter Buonaparte devant le pont de Lyon, voulait, à tout basard, y placer ces deux pièces ; mais M. de Damas lui apprit que, malheureusement, il n'y avait pas même un seul boulet dans Lyon, et que d'ailleurs ces pièces étaient hors de service.

Nous restâmes trois heures dans ce cabinet, et il serait également long et inutile de raconter ce qui s'y passa. Le maréchal se persuada promptement, et persuada à Monsieur qu'il n'y avait d'espoir de défendre Lyon qu'en dégoûtant Buonaparte de s'y présenter, et que. pour cela, il fallait obtenir des troupes de Lyon de tirer sur celles de Buonaparte, si elles voulaient forcer le passage du pont, et que, si on ne pouvait pas obtenir cela des troupes, ce que les généraux regardaient comme impossible, il fallait au moins obtenir d'elles de quitter Lyon et de se replier sans se joindre à Buonaparte.

On consulta les colonels, qui déclarèrent qu'ils ne croyaient pas qu'on pût faire tirer leurs troupes; qu'il était très-douteux qu'on pût les faire sortir de Lyon, et que, si on l'essayait pendant la nuit, il était certain qu'il en resterait une partie considérable dans la ville.

Alors il fut convenu qu'on ordonnerait aux troupes de se réunir le lendemain matin, à six heures, sur la place Bellecour; que le maréchal irait les pérorer, sans Monsieur et sans moi, pour voir ce qu'il pouvait en faire, et que nous règlerions nos mouvements ultérieurs en conséquence.

Après ce conseil, je m'en allai avec le maréchal à l'hôtel de l'Europe, où nous devions loger l'un et l'autre. Nous y passâmes la nuit avec quelque inquiétude, car nous savions qu'on n'avait pu former la barricade du pont de la Guillotière, qui était hors de service. On n'y avait suppléé par aucun autre obstacle, et par conséquent rien ne nous mettait à l'abri d'une surprise. Avant mon arrivée, Monsieur avait donné l'ordre de couper le pont, mais lorsqu'on eut commencé les travaux, le peuple s'y opposa, et on abandonna ce projet.

Pendant toute la nuit, il vint à Lyon des émissaires de Buonaparte, et même des officiers des troupes qui s'étaient réunies à lui, et ils eurent des communications avec la garnison de Lyon qui était réunie en conciliabules dans toutes les parties de la ville. Le maréchal fut informé de ce qui se passait, par plusieurs généraux et officiers, dont quelques-uns avaient formé le projet de l'entraîner avec eux et de le mener à Buonaparte ; ils le lui firent entendre, mais le maréchal rejeta très-nettement ces insinuations avec toute la loyauté et la fermeté de son caractère. Cependant il fut convaincu, par une multitude de rapports, qu'il n'y avait plus rien à faire, et que la garnison de Lyon se déclarerait pour Buonaparte aussitôt que lui ou ses troupes se présenteraient.

10 MARS.

Le poste de la Verpillière est obligé de se retirer. — Le duc de Tarente m'engage à partir. — Nous allons chez Monsieur. — Conversation avec Monsieur. — Le maréchal presse Monsieur de partir. — Monsieur se décide à partir et ordonne des chevaux. — Je pars immédiatement. — Rencontre du 72e régiment d'infanterie à quelques lieues de Lyon. — A Roanne, j'écris à Monsieur.

Le 10 mars, à cinq heures du matin, nous fûmes informés que M. de Damas, neveu du comte Roger, gouverneur de Lyon, que son oncle avait placé avec quelques dragons à la Verpillière, à peu près à moitié chemin de Lyon à Bourgoing, avait failli être pris; que cependant ses dragons ne l'avaient pas abandonné, et qu'ils étaient revenus à Lyon avec lui; qu'il n'y avait pas eu une amorce brûlée, ni un coup de sabre donné, mais que Buonaparte était en marche avec ses troupes, et qu'on devait l'attendre à Lyon d'un moment à l'autre. En même temps, un adjudant de place vint rendre compte au maréchal qu'il n'y avait encore que fort peu de troupes réunies, et qu'il était à craindre qu'on ne pût pas parvenir à rassembler la garnison pour la grande parade qui devait avoir lieu à six heures du matin.

— Ceci est décidément une mauvaise affaire, me dit le maréchal, vous êtes très-exposé ici, et très-inutilement; le plus tôt que vous en partirez sera le mieux. Il faut faire partir Monsieur au plus vite, puis je verrai ces troupes, je leur parlerai leur langue, je verrai si je peux en faire quelque chose, mais je crains bien qu'il ne soit trop tard.

Mon opinion personnelle était entièrement conforme à celle du maréchal, et nous sortîmes sur-le-champ ensemble pour aller chez Monsieur, lui faire sentir la nécessité de quitter Lyon. Tout était fermé à l'Archevêché quand nous y arrivâmes; comme je connaissais l'appartement, je secouai assez rudement la porte du salon de Monsieur, qui s'ouvrit, et je trouvai deux officiers de ses gardes, couchés sur des matelas par terre, qui étaient déjà un peu choqués de la manière brusque dont nous nous étions introduits, lorsqu'ils me reconnurent, et s'écrièrent à la fois :

— Ah! mon Dieu, Monseigneur, qu'est-ce qu'il y a donc?

— Rien, leur dis-je, si ce n'est que le maréchal et moi nous voudrions parler tout de suite à Monsieur.

Malheureusement ils n'avaient pas la clef de la chambre à coucher, qui était chez le comte François Descars, capitaine des gardes-du-corps de Monsieur, et, ce qui était encore plus malheureux, ils ne savaient pas où logeait le comte François. Nous fûmes donc obligés d'attendre quelque temps, et, à la fin, on trouva un valet de chambre qui avait la clef de la garde-robe de Monsieur, par où nous pénétrâmes dans sa chambre à coucher. Il était profondément endormi, dans un lit dont les rideaux étaient fermés; je les entr'ouvris, et je lui dis que le maréchal et moi, nous voudrions lui parler de choses importantes et pressées. Je commençais à lui en rendre compte, lorsque le maréchal perdit patience, et lui dit en m'interrompant :

— Mais, Monsieur, levez-vous donc, ceci n'est pas une plaisanterie ; Buonaparte arrive peut-être dans ce moment-ci au faubourg de la Guillotière, il faut appeler vos gens tout de suite, faire mettre vos chevaux et partir, car vous n'avez pas un moment à perdre.

Monsieur se leva, tout en disant toujours : « Mais qu'est-ce donc que tout cela ? Qu'est-ce « que vous voulez donc me dire ? » Et il commença à s'habiller, pendant que nous le mettions au fait du triste état des choses. Le comte Roger de Damas arriva aussi pour confirmer à Monsieur ce que nous lui disions, et il ajouta qu'on lui avait fait rapport que déjà les hussards de Buonaparte avaient pénétré dans le faubourg de la Guillotière, mais qu'étant allé jusqu'au pont pour s'en assurer, il avait lieu de croire que cela était faux. Monsieur s'aperçut enfin que le départ était devenu absolument nécessaire; il fit rassembler tout son monde, et ordonna de mettre ses chevaux. Le maréchal, pensant que la présence de Monsieur ne retiendrait pas les troupes, et qu'elle nuirait plutôt à l'effet qu'il voulait encore essayer de produire sur elles, insista pour que Monsieur partît sans l'attendre, et le laissât seul tenter ce dernier effort. Monsieur s'y étant déterminé, je lui dis :

— Puisque Monsieur va partir, je suppose qu'il n'a plus besoin de moi, et par conséquent qu'il trouve bon que je parte immédiatement.

Monsieur me répondit avec assez d'humeur :

— Eh bien, Monsieur, partez si cela vous fait plaisir. Puis il ajouta : Mais où allez-vous aller?

— Ma foi, Monsieur, je m'en vais à Paris.

— Oh! reprit Monsieur, je crois que vous trouverez des troupes à Roanne, et alors il faudrait les y arrêter, et vous y arrêter aussi pour attendre de mes nouvelles.

— Fort bien, Monsieur, lui dis-je, je verrai ce qu'il y aura à Roanne, et si je puis y faire quelque chose, je m'y arrêterai bien volontiers. Je suppose que si je rencontre des troupes entre Lyon et Roanne, je dois leur ordonner de la part de Monsieur de rebrousser chemin et de se rendre à Roanne?

— Sans doute, me dit Monsieur. Et alors, prenant congé de lui, je m'en retournai avec le maréchal à l'hôtel de d'Europe.

Une partie des voltigeurs qui composaient la garde d'honneur qu'on m'avait donnée, avait déjà arraché leurs cocardes blanches et les avait jetées dans la boue. Ils ne prirent pas les armes pour nous, sans cependant témoigner de mauvaise humeur. Je montai en voiture et je partis à sept heures et demie.

Ce qui s'est passé à Lyon après mon départ m'a été raconté par le maréchal Macdonald, lorsque nous nous sommes revus à Paris. Il alla voir les troupes et les harangua sans effet. Il fit venir chez lui tous les officiers et les pérora en détail, sans plus de succès. Ils ne lui répondirent que par l'énonciation de tous leurs griefs contre le roi et les Bourbons. Après ces inutiles tentatives, le maréchal se porta au pont de la Guillotière, dont la barricade avait été enfin réparée et fermée, et il s'y trouvait encore lorsque les troupes de Buonaparte y arrivèrent. Il leur parla avec vivacité, mais sans produire aucune impression sur elles, et, pendant qu'il parlait, les soldats étaient occupés tranquillement à démolir la barricade, et ils étaient assistés dans ce travail par les soldats de la garnison de Lyon, chargés de la défense du pont. Ils répondaient à tout ce que le maréchal leur disait :

— Tout cela est bel et bon, monsieur le maréchal, mais vous qui êtes un si brave homme, vous devriez bien tout simplement quitter les Bourbons, et vous joindre à nous ; nous vous mènerions à l'Empereur, qui serait charmé de vous revoir.

Ce dialogue singulier dura jusqu'à ce que le maréchal vit arriver derrière lui la colonne d'infanterie de la garnison de Lyon qui s'avançait vers le pont par divisions, dans le plus grand ordre, mais, à ce qu'il m'a dit, avec des cris prodigieux de : *Vive l'Empereur !* Il n'eut que le temps de mettre son cheval au grand galop et de sortir du pont au moment même où y arrivait la tête de la colonne, dont le front étant plus large que le pont, eût empêché le maréchal d'en sortir, si la colonne y était entrée avant qu'il ne se fût retiré ! Les hussards de Buonaparte se jetèrent immédiatement dans Lyon, et poursuivirent le maréchal à travers les rues, et jusqu'à quelques lieues sur la route de Tarare.

Pendant que tout cela se passait, je continuais ma route. Je rencontrai à quatre ou cinq lieues de Lyon le 72e régiment d'infanterie de ligne, qui s'y rendait, conduit par le général Simmer. Dès que le général sut que c'était moi, il rangea son régiment en bataille au bord du chemin, et me fit rendre les honneurs militaires. Je passai devant le front sans entendre un seul cri de : *Vive le roi!* et ce silence, joint à l'air maussade qu'avaient les soldats, m'apprenait assez quelle était leur disposition. Cependant, conformément aux intentions de Monsieur, je donnai de sa part au général Simmer l'ordre de rétrograder vers Roanne. Il me répondit que le régiment avait déjà beaucoup marché dans cette matinée, qu'il était très-fatigué, et qu'il allait le cantonner dans le village où nous nous trouvions. Je compris parfaitement, par la mine et par le ton du général Simmer, quelles étaient ses intentions et celles du 72e régiment; mais, lui ayant notifié l'ordre de Monsieur, j'allais continuer ma route, lorsqu'il s'approcha de ma voiture, en ouvrit la portière, et me dit :

— Monseigneur, je ne sais pas quand je vous reverrai, ni si je vous reverrai jamais, mais je veux avoir ici la satisfaction de vous assurer, pour ma part et pour celle d'un grand nombre de mes camarades auxquels vous avez fait, ainsi qu'à moi l'accueil le plus flatteur, au Palais-Royal, que jamais, dans aucun cas, nous ne vous confondrons avec ces b...... d'émigrés qui ont perdu les princes vos parents.

Après ce discours très-significatif, et dont j'eus à peine le temps de le remercier, il referma la portière et je repartis aussitôt.

A Tarare, comme à Roanne, où j'arrivai le

soir, je trouvai les habitants réunis dans la rue. Sans se porter à aucun excès quelconque, ils paraissaient inquiets et agités, et ne dissimulaient guère leurs dispositions envers le roi et les Bourbons. Je rencontrais à chaque instant des officiers généraux qu'on envoyait de Paris à Lyon, comme si des généraux étaient une force réelle ; mais je ne trouvai aucune troupe à Roanne, ni aux environs. Je me décidai donc à continuer ma route pour Paris, et j'écrivis à Monsieur une lettre que je vais transcrire.

« Roanne, 10 mars 1815.

» Monsieur,

» Personne de la maison de Monsieur, ni aucun courrier ne m'ayant rejoint depuis Lyon, quoique j'aie été mené très-doucement, je présume que vous avez pris une autre direction. Il n'y a ici aucune troupe quelconque, de manière que je ne vois pas ce que j'aurais à faire en y restant. Je n'ai rencontré en route que le 72e d'infanterie, très-près de Lyon. J'ai notifié au général Simmer l'ordre de Monsieur de se replier sur Roanne, mais je doute beaucoup que cet ordre soit jamais exécuté.

» Dans cet état de choses, je me décide à continuer ma route sur Paris, et, à tout hasard, je laisse cette lettre au sous-préfet pour en instruire Monsieur et le prier de recevoir, etc., etc.

» *P. S.* J'ai rencontré sur la route une quantité de généraux très-empressés de rejoindre Monsieur, et de savoir des nouvelles; je me suis contenté de leur conseiller d'en attendre de Monsieur. »

12 MARS.

J'arrive à Paris. — Je vais aux Tuileries. — Conversation avec le roi. — Je témoigne au roi le désir de faire partir ma femme et mes enfants. — Je détermine ma femme à partir pour l'Angleterre avec mes enfants. — Ma sœur se décide à rester. — Difficultés du départ de ma femme. — Le roi s'y oppose. — Arrangements du départ.

J'arrivai à Paris le 12 mars, dans la matinée. J'appris qu'on continuait à faire circuler dans Paris des contes absurdes pour étourdir le peuple, et lui cacher les progrès et les succès de Buonaparte. On avait même été jusqu'à faire arriver un courrier dans les cours du Palais-Royal, avec la nouvelle d'une victoire imaginaire que j'avais remportée. On croyait qu'en berçant ainsi le peuple d'illusions, et en s'efforçant de lui persuader que le roi l'emporterait sur Buonaparte, on le déterminerait à de plus grands efforts en faveur des Bourbons. Malheureusement il en résultait un effet contraire ; le public était trop bien informé pour s'y méprendre, et connaissait toute l'étendue du danger, tandis que le roi et sa cour, se nourrissant d'illusions, fermaient les yeux sur leur position, et soupçonnaient même quiconque ne partageait pas leur sécurité.

J'allai aux Tuileries, aussitôt après mon arrivée, faire ma cour au roi, et lui rendre compte, tant de mon voyage, que des motifs de mon retour. Je trouvai chez le roi monsieur le duc de Berri, qui m'apprit que le roi l'avait nommé commandant en chef de l'armée, en remplacement de Monsieur à qui ce commandement était destiné.

Je débutai par me plaindre au roi de la figure qu'on venait de me faire faire à Lyon, qui me paraissait aussi peu analogue à la dignité et à l'honneur des princes, qu'aux intérêts de sa couronne. Je lui rappelai la répugnance que j'avais témoignée pour ce voyage avant de l'entreprendre, ce dont le roi me dit qu'il se rappelait très-bien, ajoutant *que je n'y avais été que comme un homme qu'on pousse par les épaules*.

— Sire, lui répliquai-je, Votre Majesté peut décider actuellement qui de nous se fait illusion, et s'il n'eût pas mieux valu employer les princes à réunir des troupes, que de les envoyer, sans aucuns moyens de défense, dans la seconde ville du royaume qu'ils ne pouvaient pas sauver, et dont la perte devenait encore plus marquante par leur présence.

— Enfin, dit le roi, tout cela pouvait être vrai, mais il ne sert plus à rien d'en reparler aujourd'hui.

—Que Votre Majesté me pardonne, cela sert beaucoup, pour moi, du moins ; car d'abord cela prouve que ma répugnance pour aller à Lyon ne provenait pas de tiédeur pour votre service, ainsi que plus d'une personne aura probablement essayé de le représenter à Votre Majesté ; mais qu'elle provenait de la conviction que c'était une mauvaise mesure pour vos intérêts et pour ma réputation. J'oserai dire ensuite que le sacrifice que j'ai fait au roi en lui donnant cette marque de mon obéissance et de mon dévouement, contre mon opinion, doit interdire désormais tout soupçon sur mes motifs, lorsque je me permettrai d'examiner, avant de me charger d'aucune commission dont le roi voudrait encore m'honorer, si j'ai l'espoir et les moyens de réussir.

— C'est toujours très-juste, dit le roi, et je ne vous en empêcherai jamais.

— Sire, repris-je alors, je ne sais pas si Votre Majesté voit dans toute son étendue le danger de sa position, mais je crains bien que la perte de Lyon ne soit celle du royaume.

— Ah! cela, c'est un peu fort, me dit M. le duc de Berri, en m'interrompant.

Et le roi ajouta : — C'est aller trop loin, il y a encore bien des moyens.

— Sans doute, Sire, repris-je, mais ce n'est pas, malheureusement, par le nombre de ses soldats que Votre Majesté doit évaluer ses forces; c'est par la disposition individuelle des troupes; et le succès de Buonaparte me paraît si avancé à présent, que je crains qu'il ne soit trop tard pour le changer.

— Vous voyez trop en noir, me dit M. le duc de Berri ; les troupes sont encore en général très-bonnes. Le maréchal Oudinot nous mande de Metz, que celles de son gouvernement, et la vieille garde en particulier, sont dans la meilleure disposition; il les a réunies, il leur a parlé, il leur a dit : *Que ceux d'entre vous qui veulent être parjures à leurs serments sortent des rangs, et je les enverrai à Buonaparte ;* et il n'est sorti personne.

— Cela est très-satifaisant, lui répondis-je, mais croyez cependant qu'il ne faut pas trop y compter.

Le roi termina la conversation, en me disant qu'il allait voir ce à quoi il allait m'employer, et qu'il le ferait avec plaisir.

Avant de partir de chez le roi, je lui parlai de l'inquiétude que me causaient mes enfants, et de la difficulté qu'il pourrait y avoir à les faire partir, si on attendait le dernier moment, qui serait nécessairement une bagarre ; mais le roi ne parut point partager mon inquiétude, et la crainte de m'attirer une défense formelle m'empêcha d'insister.

De retour au Palais-Royal, j'entrepris de déterminer ma femme à partir avec mes enfants, ce qui ne fut pas facile à cause de la répugnance qu'elle avait à se séparer de moi et à quitter la France. J'éprouvais de mon côté beaucoup de peine d'être obligé d'insister sur cette séparation ; mais, à la tournure que prenaient les affaires, j'attachais une grande importance à ce que ma femme et mes enfants fussent immédiatement transportés en lieu de sûreté, parce qu'étant débarrassé de toute inquiétude à cet égard, je me trouvais plus maître de mes mouvements, et plus à portée d'agir selon les circonstances. Je représentai à ma femme combien il était plus essentiel que jamais qu'elle ne se séparât pas de ses enfants, et qu'elle veillât sur eux lorsque nous étions forcés de les envoyer en pays étranger. Elle le sentit, et se résigna, mais ce fut avec la plus grande affliction. Puisque cette séparation devait avoir lieu, il valait mieux l'effectuer sans hésiter davantage. Je me décidai à faire partir le soir même ces objets si précieux pour moi, et à les envoyer directement en Angleterre, comme étant le pays où ils trouveraient la plus grande sûreté.

Je pensais aussi que, si, comme je ne le prévoyais déjà que trop, il devenait nécessaire de m'expatrier encore une fois, ce serait de même en Angleterre que je trouverais l'asile le plus honorable et le plus conforme à mes désirs de ne jamais me mêler des affaires de France, qu'en France, et avec mes compatriotes. Le long séjour que j'y avais fait précédemment m'avait procuré l'avantage d'y être connu : je savais qu'on y rendait justice à mes principes et à ma conduite, et que, si quelquefois le gouvernement force les étrangers à s'en éloigner, au moins n'essaye-t-on jamais, dans cette terre de liberté, d'obliger ceux qui se tiennent tranquilles à faire ce qui répugne à leurs principes et à leurs sentiments.

Ma sœur se décida à rester au Palais-Royal aussi longtemps que cela serait possible, et, en effet, elle n'en partit qu'au dernier moment, puisqu'elle n'a quitté Paris que trois ou quatre heures avant le roi. C'était une satisfaction véritable que de garder ma sœur auprès de moi, lorsque les circonstances et la sûreté de mes enfants me forçaient à faire partir ma femme avec eux ; et j'y trouvais le double avantage que la présence de ma sœur rendait le départ de ma femme moins marquant, et que, si j'étais obligé de m'éloigner subitement, ma sœur pourrait rester assez longtemps après moi au Palais-Royal pour y terminer mes affaires.

Il ne s'agissait donc plus que d'arranger le départ de ma femme et de mes enfants de manière à ne point faire d'esclandre à Paris. N'ayant pas informé le roi de ce moyen de départ, je ne pouvais pas demander moi-même les passeports et l'ordre de fournir des chevaux de poste, sans lequel on n'en donnait ni à Paris ni sur la route. Je m'adressai donc, pour les obtenir, à un étranger qui était personnellement très-attaché à ma femme. Les passeports des ministres étrangers furent accordés sans difficulté ; ils furent même donnés en blanc. Mais l'ordre pour les chevaux de poste qu'il fallait demander aux ministres du roi fut refusé à l'étranger qui avait bien voulu se charger de toutes ces demandes, parce qu'on soupçonna que cet ordre pourrait nous servir, quoiqu'il ne fût demandé ni pour ma femme, ni pour mes enfants. Il alla parler à M. de Blacas avec qui il était assez lié, et tâcha de lui persuader qu'il serait convenable, et même dans les intérêts du roi, de mettre mes enfants en lieu de sûreté. Il n'y réussit pas ; M. de Blacas lui dit nettement que le roi ne voulait pas qu'ils partissent ; et cet étranger (qui n'avait assurément aucune envie de m'indisposer contre M. de Blacas, ni de m'aigrir contre le roi et les princes mes aînés) me dit, en m'informant de ce refus, que, loin que je dusse regarder la sûreté de mes enfants comme une considération qui déterminât le roi à les laisser partir, il devait ne pas me cacher qu'aux Tuileries on était plus qu'indifférent à leur égard. Il ajouta même qu'on regardait leur existence plutôt comme un embarras, que comme un avantage; qu'on ne se prêterait à rien par considération pour eux, et que, si on croyait que je pusse parvenir à les faire partir sans demander un ordre pour les chevaux de poste, ou sans qu'on s'aperçût des préparatifs, on prendrait certainement des mesures pour m'en empêcher.

Cet avis me fit redoubler de précautions pour cacher le départ projeté, et ce ne fut que le soir qu'on en commença les préparatifs dans notre intérieur.

Ma femme ne pouvait pas sortir seule. Je proposai à mon ancien ami, le comte de Grave, de l'accompagner dans ce triste voyage. Il y consentit dans l'instant, et s'en alla faire ses arrangements, qui furent terminés en deux heures. Il avait déjà bien voulu se charger, depuis quelque temps, de surveiller l'éducation de mon fils aîné, en attendant que je pusse faire des arrangements définitifs à cet égard, et il ajouta, sans hésiter, cette nouvelle preuve d'attachement à toutes celles qu'il m'avait déjà données.

Une dame qui connaissait des employés de l'administration de la poste se chargea de demander des chevaux pour elle-même. Comme on ne lui connaissait pas de relations avec nous, et que d'ailleurs elle ne demandait que trois chevaux, elle les obtint sans difficulté. Elle les fit venir à trois heures du matin dans sa cour, où j'avais envoyé d'avance une voiture sans armes ni chiffres, et assez grande pour contenir ma femme, ses quatre enfants, le comte de Grave, la nourrice de mon fils cadet et une femme de chambre. Le valet de chambre allemand de mon fils aîné et un palefrenier anglais devaient voyager sur le siége. Il fut convenu que madame la comtesse de Vérac, dame d'honneur de ma femme, ne l'accompagnerait pas, afin de ne pas trop augmenter le nombre déjà trop considérable des voyageurs, mais qu'elle irait la rejoindre dans peu de jours, comme le lui faisait désirer l'attachement dont elle nous a donné tant de marques en d'autres circonstances.

13 ET 14 MARS.

Ma femme part secrètement. — Lettre de ma femme au Roi. — Je la présente à Sa Majesté. — Conversation avec le ministre de la police. — Récit des mouvements du Nord. — Mon opinion à ce sujet. — Arrestations dans Paris. — Formation des volontaires royaux. — Mes observations à M. le duc de Berri. — M. de Blacas me propose le commandement de l'Est ou celui du Nord. — Conversation avec le Roi au sujet de ma tante.

Tous ces arrangements réussirent à merveille. A deux heures et demie du matin, dans la nuit du 12 au 13 mars, je fis venir à la porte d'un des escaliers du Palais-Royal un fiacre dans lequel ma femme et mes enfants se rendirent chez la dame qui avait pris des chevaux de poste, d'où ils partirent immédiatement pour Calais, et arrivèrent heureusement en Angleterre.

Avant de partir, ma femme écrivit au roi la lettre suivante, que je remis le lendemain matin à Sa Majesté.

« Sire,

» Je suis partie, emportant dans mon cœur le souvenir de vos bontés pour moi. Croyez que le seul amour maternel a pu me faire décider à ce sacrifice si cruel de laisser un mari bien-aimé, une sœur, des parents chéris, exposés à tous les dangers, et vous, Sire, que je chéris comme un père, auquel je souhaite tant de forces et de prospérités ; mon cœur est navré, tourmenté, déchiré, mais j'ai cru que mon devoir même envers Votre Majesté était de sauver ces chers et innocents enfants, les uniques rejetons de notre famille. Puisse Dieu exaucer nos vœux, vous soutenir sur votre trône aux pieds duquel je serai si heureuse de venir vous renouveller l'hommage de mon tendre et respectueux attachement.

» Sire, etc...

» Marie-Amélie.

» Paris, ce 12 mars 1815. »

En présentant cette lettre au roi, je lui dis :
— Sire, je viens demander pardon à Votre Majesté d'avoir fait partir ma femme et mes enfants pour l'Angleterre sans votre permission; mais leur présence ici, dans les circonstances actuelles, me causait trop d'inquiétude pour les y laisser, et j'ai pensé que je ferais mieux de les faire partir secrètement, afin que cela fît le moins de bruit possible.

— Vous avez été un peu pressé, me dit le roi, mais cela ne fait pas grand chose, et je vous pardonne volontiers.

J'informai le roi, en même temps, que ma sœur était restée, ce qu'il approuva, et Sa Majesté daigna me promettre que, si je devais m'absenter de Paris, il veillerait sur elle, et la ferait avertir à temps de tout ce qui pourrait l'intéresser.

Je reprends à présent mon récit, sur lequel j'ai anticipé pour rapporter, sans interruption, ce qui était relatif au départ de ma femme et de mes enfants pour l'Angleterre. J'en étais resté au moment où je suis sorti de chez le roi, le 12 mars, après avoir rendu compte de la triste campagne que j'avais faite à Lyon.

Peu de temps après mon retour au Palais-Royal, j'y reçus la visite de M. d'André, directeur-général de la police. Il me dit qu'il venait s'informer à moi, s'il était vrai que deux de mes gens eussent crié : *Vive l'empereur!* en courant la poste devant ma voiture, à mon retour de Lyon. Je lui répondis qu'il m'était revenu que le courrier de l'administration des postes, qu'on m'avait donné pour commander mes chevaux sur la route, avait annoncé au peuple de Tarare et de Roanne que Buonaparte allait entrer à Lyon, et qu'il ne tarderait pas à être parmi eux; mais que je croyais qu'il s'en était abstenu depuis ce que je lui en avais fait dire à Roanne, et que, de cette ville à Paris, je m'étais aperçu que le peuple ignorait les progrès de Buonaparte. J'ajoutai que si M. d'André avait d'autres données sur quelques-uns de mes gens, il était bien le maître de les faire arrêter, ou de les interroger comme il voudrait. Il ne trouva pas que cela en valût la peine, et, passant à un sujet de conversation plus important :

— Votre retour à Paris, continua-t-il, a fait à Paris une sensation bien forte.

— En quoi, lui dis-je ?

— En plus d'un genre, me dit-il, et je ne veux pas vous cacher que je crois nécessaire que vous partiez de Paris le plus tôt possible, et que je presse beaucoup pour cela.

— Je ne sais pas, lui répondis-je, en quoi il peut vous paraître avantageux que je parte de Paris ; quant à moi, cela m'est égal. J'ai témoigné au roi que j'étais prêt à le servir, et à me charger de tout ce que je croirais pouvoir exécuter, mais que je ne voudrais pas être replacé dans une position aussi fausse que celle où je me suis trouvé à Lyon. C'est à présent au roi à voir ce qu'il veut faire de moi, et j'attends ce qu'il en décidera.

Après la visite de M. d'André, j'eus celle de M. de Blacas. Mais, avant d'en parler, il faut nécessairement que je rappelle les événements publics qui étaient arrivés en mon absence, tant pour l'intelligence de cette conversation et de mon récit, que pour prouver qu'il n'y avait point de conspiration véritable, ni dans l'armée, ni dans le public, en faveur de Buonaparte, quoique ces mêmes événements aient paru prouver le contraire aux Tuileries et ailleurs.

Le général Drouet, comte d'Erlon, qui commandait à Lille la seizième division militaire, interprétant, m'a-t-on dit, une lettre du ministre de la guerre (le maréchal Soult, duc de Dalmatie), fit faire à une partie des troupes qui composaient les garnisons de son commandement, un mouvement qui les rapprochait de Paris, où il paraît qu'on voulait déjà former une armée pour couvrir la capitale. Aussitôt que le maréchal Mortier, duc de Trévise, gouverneur de cette division, eut connaissance de cet ordre dont il ne lui fut rendu compte que le lendemain matin, il dit au comte d'Erlon qu'il avait fait une *bêtise*, et lui enjoignit de rappeler les troupes au plus vite. Le comte d'Erlon expédia en effet un contre-ordre, en vertu duquel les troupes rentrèrent dans leurs garnisons aussi tranquillement qu'elles en étaient sorties (1). Le régiment des chasseurs royaux (les chasseurs de la garde impériale), qui était parti de Cambrai, en vertu du premier ordre, fut le seul qui ne soit pas rentré sur-le-champ dans sa garnison, en recevant le contre-ordre. Il paraît que le général Lefebvre Desnouettes, qui commandait ce corps, ne voulait pas l'exécuter. Il paraît en outre que ce général essaya d'entraîner dans le mouvement des chasseurs royaux d'autres régiments de troupes à cheval et d'artillerie, qui se trouvaient à Noyon et à la Fère; mais qu'étant arrivés jusqu'auprès de Compiègne, et se voyant seuls, les chasseurs royaux prirent, d'accord avec leurs officiers, la détermination de retourner à Cambrai, où le général Lyons, commandant en second, les reconduisit. Lefebvre Desnouettes décampa avec ceux des officiers de son corps qui s'étaient le plus compromis, et quelques officiers de la Fère qui s'étaient joints à sa folle entreprise.

(1) Je rapporte ces faits qui me sont étrangers tels qu'ils m'ont été racontés et sans prétendre répondre de l'exactitude de ce récit.

Je doute que ces mouvements fussent combinés, et qu'ils fussent le résultat d'une conspiration, parce qu'ils sont trop décousus pour cela. Si le mouvement ordonné par le comte d'Erlon avait été lié à une conspiration qui devait éclater plus tard, Lefebvre Desnouettes aurait été sûr d'avoir une meilleure occasion peu de jours après, et n'aurait pas tenté cette pointe sur Paris. Je crois que s'il y avait eu réellement une conspiration, le général Lefebvre, au lieu de se séparer de ses chasseurs qui avaient manifesté leurs dispositions, et qui avaient même déjà arraché les fleurs de lys de leurs sabretaches, aurait entrepris de faire traverser la France à son régiment, et d'aller rejoindre Buonaparte dans le Midi. Il est certain qu'il aurait pu exécuter ce mouvement avec un régiment comme le sien, fort de six cents chevaux, qui était une des meilleures troupes légères qu'il y ait jamais eu. Mais tout cela n'a été qu'un coup de tête du général Lefebvre, lequel, se voyant en marche sur Paris, a tenté une pointe qui aurait certainement réussi, si elle avait été concertée avec les autres garnisons, et surtout avec les troupes qu'il devait rencontrer, tels que les chasseurs de Berri (6e régiment), qui se trouvaient à Noyon, et les cuirassiers de France (garde impériale, comme les chasseurs). Ces derniers étaient de même partis d'Arras, et y rentrèrent sans difficulté, en recevant le contre-ordre. Une autre preuve que ce mouvement n'était ni concerté, ni prémédité, c'est que les grenadiers et les chasseurs à pied de la garde, qui étaient à Metz et à Nancy, n'auraient pas manqué de faire un mouvement sur Paris, en combinaison avec celui des troupes du Nord ; car il est probable qu'ils étaient également dévoués à Buonaparte ; et il est certain qu'ils avaient eu plus de moyens de connaître ses intentions et ses projets, par ceux de leurs camarades qui étaient récemment revenus de l'île d'Elbe. Il n'est pas douteux que s'ils l'avaient tenté, personne n'aurait pu s'opposer à leur marche. Enfin, la plus forte preuve que ce mouvement des garnisons du Nord, pour lequel le général d'Erlon a été arrêté, n'avait rien d'hostile en lui-même ; c'est que trois jours après, il fut ordonné par le roi, en même temps que celui des garnisons de l'Est. Ces dispositions furent la suite de la résolution que le roi avait prise de rassembler une armée à Melun, sous les ordres de M. le duc de Berri, pour couvrir Paris, et s'opposer à celle à la tête de laquelle Buonaparte venait du Midi.

Ce mouvement inattendu des garnisons du Nord, et surtout celui des chasseurs royaux, avait causé une très-grande frayeur à Paris, où l'on se croyait menacé d'être placé entre deux feux. Les soupçons qui en résultèrent, fortifiés par le défaut total de moyens de défense à Lyon, et par la prise de Grenoble, où Buonaparte avait trouvé toutes les ressources qu'on supposait, sans raison, que le ministre de la guerre, duc de Dalmatie, y avait accumulées pour les mettre à sa disposition, avaient excité une telle clameur contre ce ministre, que la chambre des pairs le dénonça au roi. Il donna sa démission, et fut remplacé par le duc de Feltre, la veille du jour où je suis revenu de Lyon, c'est-à-dire le 11 mars.

Je reviens à ma conversation avec M. de Blacas, le 12 mars. Je lui parlai d'abord du voyage de Lyon, et, après avoir épuisé ce sujet, il m'entretint des mesures qu'on allait prendre pour la défense de Paris ; elles consistaient à réunir sur-le-champ une armée à Melun, où l'on faisait déjà des approvisionnements. M. le duc de Berri devait commander cette armée en chef, ayant pour second le duc de Tarente. M. de Blacas me dit, en outre, qu'on dirigeait déjà sur Melun toutes les troupes que, dans le commencement, on avait fait marcher sur Lyon! Je fis observer à M. de Blacas que Melun paraissait peu propre à un dépôt d'approvisionnements, parce que c'était un endroit tout ouvert ; il en convint, mais il me répondit qu'il n'y en avait point d'autre aux environs de Paris, ce qui est assez vrai. Je lui suggérai Vincennes, comme le lieu le plus facile à mettre à l'abri d'un coup de main et le plus commode pour un dépôt, par son enceinte et ses bâtiments. Il le trouva trop près de Paris et désira que la bataille se livrât plus loin.

*

— Vous pourriez, lui dis-je, livrer votre bataille aussi loin, ou aussi près que vous voudriez, quoique vos magasins et vos dépôts fussent à Vincennes ou plus en arrière. Il ne s'agit jamais que de quelques charrois de plus ou de moins, et cela n'importe guère dans une affaire comme celle-ci, qui sera nécessairement très-courte. Mais j'ai de grands doutes sur cette bataille, mon cher comte, je ne peux pas vous le cacher. D'abord, je doute que les troupes veuillent tirer.

— Ah ! me répondit-il tout de suite, c'est là la question, mais j'espère qu'elles tireront, et qu'elles seront entraînées par la maison du roi qui tirera certainement. D'ailleurs, il est probable que le maréchal Ney (1) aura déjà décidé

(1) Le maréchal Ney, qui était gouverneur de la division militaire où se trouve Besançon, avait le commandement en chef des troupes, qu'il devait d'abord commander sous M. le duc de Berri. On a dit qu'en partant de Paris il avait promis au roi de lui ramener Buonaparte *dans une cage de fer*, et peut-être s'en flattait-il alors. Je suis porté à le croire, parce que s'il regardait l'entreprise de Buonaparte comme extravagante (ce que bien des gens ont pensé dans le premier moment), il est clair qu'il aurait été très-brillant pour lui de l'avoir fait échouer. En arrivant à Besançon

la question ; si ses troupes ont tiré, celles-ci tireront aussi.

— Sans doute, lui dis-je, mais nous ne savons pas qu'elles aient tiré, et il est au moins possible qu'elles ne tirent pas. Or, c'est pour ce cas que je voudrais que le roi se préparât ; car, ne vous y trompez pas, outre qu'il est douteux que la bataille se livre, il n'est pas clair que vous la gagniez si elle a lieu. Une bataille n'est jamais une chose sûre, surtout contre Buonaparte. On croit éviter ce danger par des retranchements, mais si Buonaparte vous trouve dans une bonne position, il vous

il s'empressa de rendre compte au ministre de la guerre que la disposition des troupes n'était pas bonne ; mais lorsqu'il apprit ensuite que toutes les troupes du Dauphiné s'étaient jointes à Buonaparte, que Grenoble lui avait ouvert ses portes, qu'il y avait trouvé d'immenses ressources, qu'il avait pris Lyon sans coup férir, que la garnison s'était jointe à lui malgré les efforts de Monsieur et du maréchal Macdonald, et qu'il n'y avait plus rien qui pût l'arrêter jusqu'auprès de Paris, alors il regarda le roi comme perdu et Buonaparte comme sûr du succès, ce qui le détermina à se déclarer pour lui. Je donne cette explication sur laquelle je puis me tromper, comme une des raisons qui me font croire qu'il n'y a pas eu de conspiration, et qu'il n'est pas nécessaire, comme on le prétend, qu'il y en ait eu pour que ces événements aient pu arriver.

tournera et vous obligera à sortir pour le combattre ; ou, ce qui est encore plus probable, il vous y laissera, changera de route et arrivera à Paris pendant que vous l'attendrez à Melun.

M. de Blacas insistait toujours sur ce que tout dépendait d'engager les troupes, et qu'une fois le combat commencé, il y aurait une telle supériorité de forces du côté du roi, que le succès serait certain. Il ajoutait qu'il serait très-impolitique de faire aucunes dispositions qui indiquassent de la part du roi l'intention de quitter Paris, parce qu'il pensait qu'en perdant Paris, le roi perdrait toute sa force. Je pensais bien aussi que ce serait un coup terrible pour lui ; mais comme je ne partageais pas les illusions qu'on se faisait sur la possibilité de défendre la capitale, je ne partageais pas non plus la crainte que l'on avait de décourager les partisans du roi, en admettant *la possibilité que le roi fût contraint de quitter Paris*, et en s'occupant des mesures à prendre pour que, dans ce cas, Sa Majesté pût se retirer dans une autre partie de la France, et ne fût pas obligée d'en sortir.

Il est vraiment affligeant de se rappeler à quels pauvres moyens on avait recours pour soutenir l'opinion publique et faire des partisans au roi. J'ai déjà parlé des faux bruits et des fausses nouvelles. On chercha aussi à inspirer de la terreur. On essaya, dans ces derniers jours, ce dont le roi s'était sagement abstenu jusqu'alors : on fit des arrestations ; mais ces arrestations, et surtout celles qu'on manqua (de ce nombre fut celle du duc d'Otrante), firent plus de mal que de bien au gouvernement, et n'intimidèrent personne.

On s'efforça d'exciter de l'enthousiasme pour la cause du roi, et on n'eut pas plus de succès. L'enthousiasme est sans doute un grand moyen, peut-être le plus grand de tous, quand il est sincère et qu'il est le résultat des passions et des opinions des hommes ; mais il faut avoir une connaissance approfondie de ces passions et de ces opinions, et combiner adroitement avec elles son système et ses mesures, pour parvenir à exciter un véritable enthousiasme; tandis que de l'enthousiasme fait à froid, des transports de loyauté et d'amour qui ne correspondent ni avec le caractère, ni avec les idées des générations actuelles, n'entraînent pas plus la masse qu'ils ne la trompent. Cette affectation d'abandon et de dévouement de la part de ceux qui sont prêts à chanter la palinodie, n'empêche personne de songer à ménager le nouveau gouvernement qui va s'établir, et d'éviter de se compromettre en défendant celui qui va s'écrouler. Ces vaines tentatives pour exciter de l'enthousiasme ne servent qu'à jeter du ridicule sur ceux qui les font; et en France, plus qu'ailleurs, il faut réussir dans ses entreprises, ou ne pas se mêler d'en faire.

Des cris isolés de : *Vive l'empereur !* s'étant fait entendre dans quelques parties de Paris, des bandes de sept à huit personnes, tout au plus, se répandirent dans les rues et traversaient sans cesse les cours et le jardin du Palais-Royal, en poussant des cris violents de : *Vive le roi !* afin d'étouffer les cris opposés et d'intimider ceux qui les faisaient entendre. Un malheureux, qui avait, dit-on, crié : *Vive l'empereur!* dans la cour des Tuileries, y fut assommé à coups de parapluie, et resta mort sur la place. Au bout de deux ou trois jours, le roi eut la sagesse de faire défendre ces promenades et ces cris, qui ne faisaient aucune impression, et n'en imposaient à personne sur le véritable état de l'opinion publique.

On ouvrit des registres dans les antichambres des Tuileries où se faisaient inscrire ceux qui voulaient entrer dans les corps de volontaires royaux que formaient M. de Viomesnil et autres. Vincennes devait être le lieu de leur réunion ; mais l'armée de Melun avait déjà disparu, le roi avait quitté Paris, et Buonaparte y était arrivé, avant que ces corps eussent pris aucune consistance. On doit cependant en excepter le corps des élèves de Droit, qui accompagna la maison du roi dans sa retraite, et qui sortit de France avec Monsieur et M. le duc de Berri.

Je causai longuement avec M. le duc de Berri

sur les illusions que je croyais qu'il se faisait, ainsi que bien d'autres, relativement à la position de Melun et à la possibilité d'y arrêter la marche de Buonaparte. Il me disait qu'on comptait beaucoup sur la maison du roi (1), et qu'on levait des corps de volontaires pour suppléer à l'infanterie dont elle manquait. J'avais d'autant plus d'avantage pour combattre cette opinion, que je m'étais entretenu tout l'hiver, avec M. le duc de Berri, des inconvénients de l'organisation vicieuse et gothique de la maison du roi, et des dangers qui pouvaient en résulter pour la monarchie, dans le cas où les circonstances obligeraient le roi à recourir à elle pour sa défense. Il croyait que ces volontaires royaux ne seraient pas seuls; qu'ils n'étaient destinés qu'à engager le combat, parce qu'on craignait que les troupes de ligne de l'armée de Melun et de la garnison de Paris ne voulussent pas tirer les premières, et ne se missent à parlemen-

(1) La maison du roi était alors composée d'environ cinq mille hommes de cavalerie (tous Officiers!), et il n'y avait d'autre infanterie que les Cent-Suisses et les gardes de la Porte, qui ne faisaient guère que trois cents hommes.

ter avec celles de Buonaparte, si on les mettait d'abord en contact avec elles. Il ajoutait que le projet était de mettre l'armée royale sur deux lignes. La maison du roi, les volontaires royaux et gardes nationales, ainsi que les Suisses et généralement les troupes qu'on croyait être sûr de faire tirer contre celles de Buonaparte, devaient être placées en première ligne; la seconde ligne devait être composée de toutes les troupes de ligne par lesquelles on se flattait de faire achever la victoire, après que la première ligne l'aurait suffisamment ébauchée en engageant le combat. Je n'avais aucune confiance dans le choc de cette première ligne, composée de troupes toutes nouvelles, contre les vétérans de l'armée française conduits par Buonaparte.

M. le duc de Berri convenait que ce que je disais serait vrai, si c'était en plaine qu'on voulût se battre; mais il prétendait qu'on ferait sur une position (1) des retranchements quelconques, des parapets, derrière lesquels toutes ces troupes

(1) Il était question d'abord de celle de Melun, mais celle d'Essonne fut préférée dans les derniers jours.

de nouvelle levée se battraient aussi bien que des vétérans. Je répliquais à cela que, si on fortifiait une position, il en résulterait de deux choses l'une : ou que Buonaparte essayerait d'enlever la position, ou que, la trouvant trop forte, il prendrait le parti de la tourner. S'il l'attaquait et qu'il fût repoussé, il était incontestable que l'avantage serait immense; mais je pensais qu'il avait trop d'expérience pour faire cette attaque, à moins d'avoir la certitude d'enlever la position, ou d'être joint par les troupes qui venaient la défendre. Dans le cas où il se déterminerait à la tourner, l'armée retranchée se trouverait dans l'alternative de se laisser tourner, et de laisser Paris découvert, si elle restait dans sa position, ou de la quitter pour aller disputer l'entrée de Paris à Buonaparte sur sa nouvelle direction; ce qui ramenait toujours à une bataille en plaine, dont on ne pouvait guère espérer le succès. On rejetait absolument l'idée que Buonaparte *osât* tourner la position, et marcher sur Paris par le flanc, avant d'avoir battu l'armée royale, parce qu'on ne croyait pas qu'il *osât* se mettre entre cette armée et Paris ; mais j'avoue que j'avais une plus grande opinion de l'audace de Buonaparte, et par conséquent on ne me persuadait pas.

La mauvaise opinion que j'avais du résultat de ces dispositions m'exposait sans cesse au soupçon de vouloir semer le découragement. Il m'était facile de m'apercevoir qu'on me prenait pour un *alarmiste* et qu'on croyait que je cherchais à représenter la cause du roi, comme plus désespérée qu'elle ne l'était réellement. Cela ne m'empêchait pas de manifester franchement mon opinion à ceux auxquels il pouvait être utile de la faire connaître. J'indiquais de même à chaque époque les seuls moyens qui me paraissaient encore praticables ; mais les illusions dont on se nourrissait ne permettaient jamais de peser, peut-être même d'écouter mes suggestions.

J'attendais avec impatience que le roi prît un parti à mon égard. M. de Blacas, à qui j'en parlai, me dit que le roi paraissait disposé à me donner un commandement dans l'Est ou dans le Nord, mais qu'il ne s'était encore décidé à rien; et il me demanda en même temps, si j'avais quelque préférence pour l'un ou pour l'autre de ces commandements. Je lui dis que je n'avais pas de prédilection, mais qu'avant de rien accepter, j'examinerais ce qui me serait offert pour ne pas être exposé à faire une seconde campagne comme celle de Lyon. Il me répondit que rien n'était plus juste, et ajouta qu'il croyait qu'un commandement dans le Nord me conviendrait le mieux.

Le lendemain, 15 mars, M. le duc de Berri me parla dans le même sens; il me répéta que le roi était disposé à me donner un commandement dans le Nord, et me demanda si je l'accepterais. Je lui dis que cela me conviendrait assez, et alors il me proposa d'aller tout de suite avec lui en faire la demande au roi; mais, en le remerciant de cette marque d'amitié, je lui témoignai que je n'étais pas pressé, et que je ne voulais pas d'emploi particulier

J'allai faire ma cour au roi, et je le vis en particulier. Il ne me parla pas du commandement dans le Nord, et dès lors, par conséquent, je n'en parlai pas non plus. Je voulais m'acquitter auprès du roi, de la commission que m'avait donnée madame la duchesse de Bourbon, ma tante. Elle avait été précédemment lui demander conseil sur ce qu'elle devait faire dans le cas où il serait obligé de quitter Paris et la France, et le roi s'était borné à lui dire *qu'elle fît tout ce qu'elle voudrait*. Elle m'avait aussi consulté sur ce point, et je lui avais conseillé de rester en France, où je ne pensais pas qu'elle eût de risques à courir, tandis que je ne voyais pas de ressources pour elle au dehors. Il me semblait que, puisque depuis la confiscation de ses biens jusqu'à la restauration, elle avait joui constamment d'une pension que lui faisait le gouvernement français, quel qu'en fût le chef, il était probable qu'elle la recouvrerait, et je doutais beaucoup qu'elle obtînt des secours ailleurs.

Je savais que cet avis était conforme à l'opinion de ma tante, mais elle tenait à recevoir du roi une approbation préalable de ce qu'elle désirait faire, et c'était ce qu'elle m'avait demandé de tâcher de lui obtenir. J'en parlai donc à Sa Majesté, qui d'abord ne prit pas trop bien la chose, et me dit que, comme j'étais son neveu, je n'avais qu'à la conseiller. Je lui représentai que, quoique je fusse le neveu de madame la duchesse de Bourbon, il était son roi et le chef de sa maison, et qu'ainsi il me paraissait que, dans un cas semblable, c'était à lui bien plus qu'à moi à donner des conseils à madame la duchesse de Bourbon; j'ajoutai que je ne m'étais pas refusé à communiquer mon opinion à ma tante; mais qu'elle tenait avec raison à connaître celle du roi, et à savoir si Sa Majesté approuverait qu'elle restât en France, dans l'hypothèse de son départ. Je racontai alors ce que j'avais dit à ma tante, et le roi, en l'approuvant, me fit une réponse qui me frappa beaucoup, et que je n'oublierai jamais. Il me dit :

— Vous avez raison, et malheureusement, si j'étais forcé de sortir de France, je ne sais pas trop ce qui arriverait de nous tous, car ce ne serait pas cette fois-ci comme la première. On a cru, la première fois, qu'il n'y avait pas eu de notre faute ; mais aujourd'hui ce serait bien différent ; on nous dirait : *Vous y êtes retournés, et vous n'avez pas su vous y tenir.*

13 MARS.

Le duc de Feltre m'offre le commandement du Nord de la part du Roi. — Rapport d'un officier d'état-major sur l'esprit des chasseurs royaux. — Suite de ma conversation avec le duc de Feltre. — Conversation avec le Roi au sujet de mon commandement. — Versions différentes sur les projets du Roi en cas de départ. — Je demande au Roi quelles sont ses intentions. — Le Roi répond vaguement sans me donner d'ordre. — Je parle au Roi relativement aux armées étrangères. — Le Roi me défend de les admettre et m'autorise à faire connaître cette défense. — Dons du Roi aux princes. Explications à ce sujet. — Mon départ est retardé.

Le 14 mars, je revis M. de Blacas, qui me parla de nouveau du commandement dans le Nord, et je compris, par la manière dont il s'exprima, que ce commandement me serait bientôt offert.

Le duc de Feltre vint au Palais-Royal dans la matinée du lendemain, et me dit en entrant qu'il était chargé par le roi de m'offrir un commandement.

— Voyons, lui dis-je, ce dont il s'agit.

— Le voici, me dit-il. Le roi compte réunir

un corps d'armée derrière la Somme. Je ne veux pas vous tromper par de l'exagération, ce corps ne sera que de sept à huit mille hommes. Sa Majesté voudrait que Votre Altesse partît sur-le-champ pour Amiens, afin d'en prendre le commandement. Au reste, ce commandement ne sera pas limité à ce seul corps, et vous aurez sous vos ordres tout ce qui est aujourd'hui sous ceux du maréchal duc de Trévise, qui sera lui-même votre second dans ce commandement, si cela vous est agréable.

— Parfaitement, répondis-je ; je me réserve seulement d'arranger avec vous quelques points de détail.

— Je ferai tout ce qui dépendra de moi, répliqua-t-il ; mais avant de nous en occuper, il faut vous donner quelques explications. Les troupes dont il s'agit étaient destinées à former la gauche de l'armée de M. le duc de Berri ; nous voyons à présent qu'elles arriveront trop tard, et d'ailleurs nous ne sommes pas bien sûrs de leurs dispositions. Votre Altesse aura beaucoup à faire sur ce point-là, et elle pourra y être très-utile. Je ne dois pas vous cacher que nous avons de mauvaises nouvelles des troupes que nous attendions de Metz(1). Le maréchal Oudinot, qui les commande, a été obligé de s'arrêter, à cause de la disposition où elles sont. Celles du Nord ne paraissent pas gangrenées, mais Votre Altesse, en faisant tous ses efforts pour les attacher à la cause du roi, devra éviter avec soin de ne pas trop les rapprocher les unes des autres, avant de s'être bien assurée de leurs dispositions; car, si elles sont ou deviennent mauvaises, il faudra les séparer et les empêcher d'avoir des communications entre elles, afin de ne pas s'exposer au danger qu'elles exécutent le projet que d'Erlon et Lefebvre Desnouettes avaient conçu de se porter sur Paris. Cela serait fatal, et il faudrait l'empêcher à quelque prix que ce fût.

— Je sens cela parfaitement, lui dis-je, et je

(1) Parmi ces troupes étaient les grenadiers et les chasseurs à pied de France, qui avaient fait partie de la vieille garde impériale, et sur lesquels on avait d'abord tant compté.

lui demandai s'il m'avait apporté un état de ces troupes et de leur emplacement.

— Non, me répondit-il, mais en rentrant chez moi je m'en occuperai, et d'ailleurs, je vais vous envoyer le maréchal Mortier qui viendra vous en rendre compte et prendre vos ordres.

Il m'expliqua que le premier projet ayant été de porter ces troupes sur Melun, elles avaient été mises en marche dans la direction de Soissons et de Château-Thierry, et que, lorsqu'on avait changé de projet, elles avaient reçu l'ordre de s'arrêter partout où elles se trouveraient, en sorte que je les trouverais éparpillées sur la route. Je lui représentai que, d'après ces dispositions, il me semblait préférable d'aller à Péronne au lieu d'Amiens, puisque Péronne était le point central de toutes les routes des places fortes, et de celles où se trouvaient les troupes, tandis qu'Amiens en était écarté et ne m'offrait pas les mêmes facilités de communications. Le duc de Feltre ne vit point de difficulté à ce changement, et convint que Péronne valait mieux qu'Amiens. Il y trouva même une autre avantage : c'est qu'à Péronne, je serais plus rapproché des cuirassiers et chasseurs de France (garde impériale), avec lesquels le roi désirait que j'eusse au plus vite des communications. Il me dit alors qu'il avait amené avec lui un officier d'état-major, qui avait été envoyé près de ces corps pour savoir quelles étaient leurs dispositions après la fuite du général Lefebvre Desnouettes, et qui en était revenu dans la nuit. Il ajouta :

— Si vous le permettez, il vous en rendra compte lui-même. Je vais passer là-dedans et le faire entrer, afin qu'il soit seul avec vous et qu'il vous parle sans gêne. Et en même temps il se leva pour sortir.

J'essayai inutilement de le retenir, en l'assurant que sa présence ne pouvait causer aucune gêne et que je préférais qu'il restât, mais il insista, fit entrer l'officier et sortit. Cet officier, que je ne connaissais pas, me dit qu'il avait vu les chasseurs royaux à Noyon et à Cambrai, et qu'il avait vu aussi les cuirassiers royaux à

Arras ; qu'il s'était mis en relation avec les officiers et qu'il avait causé avec les soldats ; qu'il était vrai qu'ils étaient mécontents, qu'ils avaient cru que le roi les aurait pris pour sa garde, et que leur orgueil avait souffert de ce qu'il ne l'avait pas fait ; qu'ils paraissaient désirer que le roi envoyât un des princes pour les commander, afin que ce prince, en apprenant à les connaître, pût en donner au roi l'appréciation qu'ils croyaient mériter ; qu'il ne devait pas me cacher qu'ils lui avaient manifesté le désir que le choix du roi tombât sur le duc d'Orléans, et qu'il ne doutait pas que si j'y allais, je ne fusse très-satisfait de ces corps qui étaient composés d'hommes superbes, bien disciplinés, d'une bravoure éprouvée, et enfin, pour me servir de son expression, *de vieilles moustaches*, dont la détermination aurait une grande influence sur celle des autres troupes, et dont par conséquent il serait essentiel de gagner l'affection. Cet officier étant sorti, le duc de Feltre rentra et me dit :

— Eh bien, qu'est-ce que vous dites de son rapport?

— J'en suis très-content. Je souhaite seulement que j'aie autant de facilités et de moyens de gagner ces corps, qu'il veut me le persuader. J'en doute, et je regrette que nous nous y prenions si tard, cependant je suis prêt à l'entreprendre. Mais avant tout il faut que je connaisse les intentions du roi; quelles sont elles? qu'est-ce que sa Majesté veut que je fasse? M'avez-vous dressé des instructions?

— Je m'en suis bien gardé, reprit-il; je viens de vous communiquer tous les éclaircissements que nous pouvons vous donner aujourd'hui, et vous serez guidé, pour le reste; par votre jugement et par les ordres ultérieurs que le roi pourra juger à propos de vous transmettre.

— C'est fort bien, répliquai-je, cela me laisse la faculté d'agir selon les circonstances, et cela me suffit.

— Nous convînmes en outre que mes lettres de service me donneraient *le commande-*

ment de toutes les troupes stationnées dans les départements du Nord, afin que j'eusse pleine latitude, et que mon commandement s'étendît autant que les circonstances le rendraient nécessaire. Il fut pareillement entendu que je commanderais en chef partout où je ne rencontrerais pas un des princes, mes aînés. Le duc de Feltre se réserva de prendre les ordres du roi sur la demande que je lui fis d'être autorisé à donner la croix de Saint-Louis et la décoration de la Légion-d'Honneur; prérogative qui ne m'avait jamais été accordée, quoique les princes, mes aînés, en eussent constamment joui. Le roi me l'accorda le jour même, ainsi que le porte la lettre que m'écrivit M. le duc de Feltre, en m'envoyant mes lettres de service.

J'aurais voulu entretenir immédiatement le duc de Feltre d'autres dispositions relatives à mon commandement, des fonds affectés à ce service, des approvisionnements de toute espèce qui seraient à ma disposition, et aussi du choix des officiers généraux; mais il me *de-*

manda grâce; c'est ainsi qu'il s'exprima, en m'observant qu'il n'était rentré au ministère que depuis trois jours, et qu'il était accablé d'affaires. Il me donna sa parole que tout cela s'arrangerait à ma satisfaction, et me pria instamment de ne pas différer mon départ, en disant que le roi désirait beaucoup que j'allasse voir les troupes, et qu'il trouvait urgent que je partisse sans délai.

Je lui répondis que je partirais aussi promptement que le roi voudrait :

— Mais, lui dis-je, j'ai encore une question à vous faire, à laquelle il est de la plus haute importance que vous répondiez d'une manière positive, car votre réponse sera toujours présente à ma pensée dans l'exercice de ce commandement, et elle sera, à beaucoup d'égards, la boussole de ma conduite. Si Buonaparte arrive à Paris, où le roi se retirera-t-il?

— Ma foi, Monseigneur, me répondit le duc de Feltre, la confiance du roi en moi n'a pas été jusqu'à me le dire.

— Comment, mon cher duc, repris-je, vous

n'avez pas demandé cela au roi? Vous n'avez pas fait décider une question d'où dépendent autant de mesures secondaires, très-importantes à prendre d'avance?

— Non, me répéta-t-il, je ne sais pas si le roi a pris quelque détermination à cet égard; mais ce que je sais, c'est que je n'en ai pas connaissance.

— Cependant, repris-je, vous pensez bien qu'il est indispensable que je sache si c'est dans l'étendue du commandement que le roi daigne me confier, qu'il compte se retirer; car alors il y aurait des mesures, des précautions à prendre, et il serait essentiel que je connusse les intentions du roi.

— Je le comprends, me dit le duc de Feltre, mais il ne paraît pas facile de faire expliquer le roi sur cela.

— Eh bien, lui répondis-je, puisque son ministre ne peut pas me le dire, je vais le lui demander moi-même, car il faut que je sache à quoi m'en tenir à cet égard.

— Votre Altesse fera très-bien de le demander au roi, mais je crois que le roi attache tant de prix à la conservation de Paris, qu'il sera difficile de le déterminer à fixer ce qu'il fera en le quittant.

— Mais, mon cher duc, repris-je, je ne puis cependant pas croire que vous vous fassiez assez d'illusion, pour ne pas prévoir que d'ici à peu de jours, cette mesure pourra devenir inévitable, et il me semble que ce que le roi aurait de mieux à faire serait d'ajourner les deux Chambres et de les envoyer dans une des places de Flandre, à Lille, par exemple, qui est la principale, et où le roi irait ensuite les rejoindre, si le cas l'exigeait.

— Ah ! Monseigneur, s'écria le duc de Feltre, Votre Altesse ne sait pas ce que c'est qu'une translation comme celle-là ! Nous l'avons essayé l'année dernière avec le gouvernement de Buonaparte, quand nous avons voulu nous transférer à Blois, et nous faisions une queue de voitures qui couvrait la route de Paris jusqu'à Vendôme. Cela est impraticable, ajouta-t-il, il faut tâcher de défendre Paris et d'y tenir, car il est impossible d'aller ailleurs.

Je n'insistai pas davantage; il me quitta, et je sortis immédiatement pour me rendre aux Tuileries. Lorsque j'entrai chez le roi, ses yeux se fixèrent sur les miens avec une curiosité inquiète, et je crus m'apercevoir qu'il craignait que je vinsse m'excuser de me charger du commandement qu'il me donnait; mais aussitôt que le roi eut compris que je l'acceptais, sa physionomie devint aussi gracieuse qu'elle l'était peu d'abord.

Je commençai par exposer au roi, ainsi que je l'avais déjà fait remarquer au duc de Feltre, qu'il valait mieux que j'allasse en première instance à Péronne qu'à Amiens; et le roi l'approuva en me recommandant cependant *d'éclairer Amiens*, et de me tenir au fait de ce qui se passait de ce côté-là. Je lui répondis que ne connaissant pas les troupes, n'étant sûr d'aucunes, et me défiant généralement de leurs dispositions envers le roi, je craindrais que celles que je placerais sur la route d'Amiens pour *l'é-*

clairer, ne remplissent pas cet objet, et ne devinssent un obstacle dans l'occasion. J'ajoutai que le meilleur moyen de se tenir au fait de ce qui se passait de ce côté, serait de faire stationner à Amiens un officier de confiance, chargé de donner des nouvelles, et autorisé à expédier, en cas de besoin, une estafette ou un courrier, ce que le roi approuva.

J'ignorais absolument que ce fût par cette route que le roi se retirerait, et peut-être le roi l'ignorait-il encore lui-même. Deux personnes, qui devaient l'une et l'autre connaître les projets du roi, m'avaient communiqué chacune une version différente sur ce qu'il ferait, dans le cas où il quitterait Paris. Suivant l'une, il devait se retirer dans la Vendée ou à Bordeaux, si toutefois cette ville restait attachée à sa cause, ainsi que madame la duchesse d'Angoulême en donnait l'espérance. L'autre me dit que le roi irait en Normandie, et de là vers Granville afin de se retirer à Jersey, s'il était forcé de quitter la France. Ces deux versions me semblaient croyables l'une et l'autre par beaucoup de raisons, et surtout parce qu'elles se rattachaient également aux projets favoris des Tuileries sur l'intérieur, puisque Granville rapprochait des Chouans, de même que Bordeaux rapprochait de la Vendée, où le roi venait d'envoyer M. le duc de Bourbon pour en prendre le commandement. Ces détails expliquent pourquoi je ne fus pas plus frappé dans le moment de la recommandation que me fit le roi *d'éclairer Amiens*, et de me tenir au fait de ce qui se passait de ce côté.

Le roi appuya fortement, comme l'avait fait le ministre de la guerre, sur la nécessité de ne pas trop rapprocher les troupes les unes des autres, afin d'éviter la propagation des nouvelles, et d'empêcher que les communications trop faciles ne portassent les troupes à se réunir contre le roi, et à seconder les opérations de Buonaparte en marchant sur Paris en même temps que lui.

Je vins enfin au point principal, et je dis au roi : — Sire, en me chargeant de ce commandement, il est indispensable que je sache ce que

Votre Majesté fera, dans le cas où Buonaparte arriverait à Paris.

Le roi me regarda alors avec une sorte d'étonnement et me répondit :

— Il ne faut pas seulement faire cette supposition-là.

— Mais, Sire, Votre Majesté pense-t-elle qu'on dit qu'il est aujourd'hui à Autun? pense-t-elle à ce qu'elle a eu la bonté de me dire hier, qu'il y avait eu des mouvements en sa faveur à Mâcon, à Tournus et à Châlons-sur-Saône, et que les employés de Votre Majesté avaient dû y cesser leurs fonctions?

— J'y pense très-bien, Monsieur, me dit le roi, et même je puis vous dire de plus, qu'il y a eu un mouvement semblable à Dijon, car je viens d'en recevoir la nouvelle; mais tout cela ne fait pas qu'il arrive à Paris.

— Non, Sire, repris-je, cela est très-vrai. Je souhaite de tout mon cœur qu'il n'y arrive pas, mais, quant à moi, je crois qu'il y arrivera; car, comme j'ai déjà eu l'honneur de le dire au roi, l'armée de Melun ne m'inspire pas grande confiance.

— Je le sais, me dit le roi. Depuis le commencement, vous avez toujours vu en noir ; mais s'il arrive, il arrivera ; j'ai soixante ans : à mon âge, on prend son parti et on attend.

— Mais, Sire, repris-je, j'espère que Votre Majesté ne compte pas me dire qu'elle restera ici, si Buonaparte y arrive?

— Pourquoi pas, reprit le roi?

— En vérité, Sire, répliquai-je, je savais qu'on fait circuler un fort triste bon mot sur la supposition que le roi avait dit à quelqu'un, qu'il ne quitterait pas son fauteuil aux Tuileries, quelles que pussent en être les conséquences ; mais je ne pouvais pas me persuader que Votre Majesté voulût le réaliser.

— Et quel est ce bon mot, me dit le roi?

— Sire, c'est qu'alors la victime serait plus grande que le bourreau! J'espère que Votre Majesté ne se donnera pas cette terrible satisfaction?

— Nous n'en sommes pas là, me dit le roi.

— Certainement, Sire, répliquai-je, mais il serait essentiel de s'en occuper d'avance, afin de pouvoir prendre des mesures, qui deviennent impraticables dans le dernier moment, et il me semble qu'il est déjà bien tard.

Cependant, voyant que je ne pouvais pas obtenir du roi de me donner aucun ordre sur ce point, je n'insistai pas davantage. Je lui parlai alors des rapports que les malheureuses circonstances du moment pourraient établir entre lui et les puissances étrangères, et je saisis cette occasion de lui manifester mon opinion sur le mal qu'il ferait à sa cause, en appelant leurs armées pour la soutenir.

Le roi me répondit qu'il le sentait parfaitement, mais qu'il était persuadé que si Buonaparte réussissait, les armées étrangères entreraient en France tout de suite.

— Je conçois, répliquai-je, que cela doive arriver ; mais si cette invasion avait lieu, il me semble qu'il serait d'une grande importance pour le roi, non-seulement de ne pas s'en mêler, mais de marquer qu'il ne s'en mêle pas.

— C'est ma manière de voir, et je ne m'en éloigne pas, reprit le roi.

— Ainsi, Sire, lui dis-je, Votre Majesté m'autorise à rassurer les troupes à cet égard; car le roi n'ignore pas les bruits qu'on fait circuler, et qu'il me paraît essentiel de pouvoir démentir. Je prie donc Votre Majesté de m'autoriser à déclarer positivement qu'elle m'a défendu d'admettre aucunes troupes étrangères, et que c'est par les Français qu'elle veut être défendue et maintenue sur son trône.

—Vous le pouvez très-fort, me dit le roi, il n'y a rien dans ce que vous me dites là qui ne s'accorde avec ce que j'ai toujours dit.

Le roi me demanda ensuite quand je comptais partir, ajoutant qu'il désirait que ce fût immédiatement. Je répondis que j'étais prêt, et que je partirais aussitôt que le ministre de la guerre m'aurait expédié mes lettres de service, ce qui serait probablement dans la soirée.

Après que je fus rentré au Palais-Royal, j'eus la visite du maréchal Mortier, duc de Trévise, qui m'apporta l'itinéraire suivant lequel les troupes avaient été mises en marche, et leur emplacement au moment où le mouvement avait été arrêté. Il fut charmé que j'eusse fait substituer la destination de Péronne à celle d'Amiens, dont, ainsi que moi, il n'avait pas conçu l'objet. Nous convînmes qu'il ferait en sorte de se trouver à Péronne en même temps que moi.

M. de Blacas vint me voir ensuite. Il m'annonça que le roi lui avait ordonné de me remettre une somme de cinq cent mille francs pour les frais de mon voyage à Lyon et ceux du commandement dont je me chargeais, et que si je voulais envoyer chez lui une personne de confiance, il lui en ferait délivrer l'ordonnance; il me prévint en même temps que cette somme serait payée en argent, parce que tout l'or qu'on avait pu trouver à Paris, ayant été acheté pour le roi et pour les autres princes, auxquels le roi avait déjà remis des sommes assez considérables, on ne pouvait plus s'en procurer qu'à un prix excessif. En effet, j'en achetai le lendemain à 50 pour 100 de prime (1).

(1) J'ai dû rapporter ce fait, parce que je ne veux pas qu'on puisse me reprocher d'avoir rien omis, surtout une marque de bonté du roi à mon égard; mais en même temps, il est juste et il m'importe de donner les détails nécessaires pour mettre à portée de juger les détails de cette remise :

*

Comme la soirée du 15 mars s'écoulait sans que je reçusse mes lettres de service, je crus devoir m'informer auprès du ministre de la guerre de la cause de ce retard. Le duc de Feltre

Premièrement. — Quoique les gazettes aient retenti de l'immensité du revenu que le roi m'avait rendu, il serait cependant facile de prouver qu'en 1814, la totalité de ce qui m'était restitué, tant en apanages qu'en biens libres de la succession de mon père, n'avait pas produit trois millions de revenu brut au Trésor public. Or, il faut déduire de ce produit, outre les frais d'administration, les impositions de vingt pour cent, que ces biens ne payaient pas lorsqu'ils étaient dans la main de l'État, tandis qu'ils devaient y être assujettis dans la mienne. Il faut encore considérer que la restitution de la succession de mon père entraînait la charge de ses dettes, dont seulement une petite portion avait été liquidée par l'État, qui ne les remboursait qu'au tiers, tandis que je devais les payer en totalité, ainsi que tous les intérêts accumulés depuis 1792; enfin, les biens de la succession de mon père ayant été presque tous aliénés ou détruits, cette masse de dettes rendait la succession *insolvable*, à moins que mon apanage ne fût rendu assez fort par une concession additionelle, pour que je pusse entreprendre de la liquider volontairement sur ce revenu. Cependant, on répandit de tous côtés que j'étais le prince le mieux traité et le plus riche, tandis que Monsieur avait obtenu un apanage de quatre millions de francs pour lui seul, quitte de toute charge et imposition quelconque; outre quatre millions pour ses enfants, savoir : deux millions et demi pour M. le duc et madame la duchesse d'Angoulême, et quinze cent mille francs pour M. le duc de Berri.

Secondement. — Quoique les princes de la famille royale aient commencé à jouir de leur revenu à partir du 1er mai ou du 1er juillet 1814 (je ne me rappelle pas bien lequel), néanmoins, on ne me l'expliqua pas clairement, et me dit seulement que cela n'avait rien de pressé. Sur ce que je lui témoignai quelqu'étonnement de l'apparence de contradiction qu'il y avait entre ce

me refusa la remise du produit de mes forêts depuis la même époque, et je n'en perçus les revenus qu'à compter du 1er janvier 1815 ; ainsi, non-seulement on ne me donna aucune facilité pour liquider les dettes de la succession de mon père, mais on me laissa huit mois sans aucun revenu, et on me mit par là dans le plus grand embarras, car je me trouvais dans l'indispensable nécessité de contracter des dettes, tant pour subvenir à ma propre dépense et à celle de ma nombreuse famille, que pour faire face à toutes les dépenses nécessaires, pour mettre le Palais-Royal en état d'être habité, y monter un mobilier, et former un établissement analogue à mon rang, dépenses dont les autres princes étaient absolument exempts. Je ne parle pas ici des dépenses considérables que je fus obligé de faire pour ramener ma famille de Sicile, et pour lesquelles, ainsi que pour celles dont je viens de parler, il ne m'a jamais été alloué aucune indemnité.

Troisièmement. — Les droits régaliens non abolis, qui faisaient jadis partie de mon apanage, et que l'État continuait à recevoir comme *droits réunis*, ne m'avaient pas été restitués en même temps que mon apanage. D'après les États de 1791, ces droits avaient produit, en 1790, un million et quatre cent mille francs. Il était impossible de me faire cette restitution, mais en même temps, il était juste de m'en indemniser. Je présentai au roi une requête à cet effet, dont ses ministres avaient reconnu la justice, et à laquelle ils avaient promis de faire faire droit, autant que cela dépendrait d'eux, dans la session suivante des Chambres. Cette affaire est restée en suspens. Je demandai en même temps une indemnité pour les impositions, dont, au terme de la conqu'il m'avait dit le soir, et ce qu'il m'avait dit le matin; il me répondit :

— Je dois dire à Votre Altesse que malgré tout ce qu'on peut lui avoir dit de mon activité,

cession de Louis XIV à son frère, mon apanage devait toujours être exempt.

Quatrièmement. — Il me reste à parler de ce qui s'est passé relativement aux canaux d'Orléans et du Loing, qui faisaient une partie considérable des biens libres de la succession de mon père. Ces canaux, ainsi que celui du Midi, qui appartenait à MM. de Caraman, avaient été réunis au domaine extraordinaire par Buonaparte, et partagés en actions dont il faisait des dotations à des militaires, à des ministres, à sa famille, et généralement à tous ceux qu'il voulait favoriser ou récompenser. Mes canaux étaient partagés en quatorze cents actions, dont un grand nombre se trouvaient encore dans le portefeuille du domaine extraordinaire de la couronne lors de la restauration du roi. Le revenu de chacune de ces actions était d'environ six cents francs. On discuta longuement si les canaux seraient restitués dans leur entier à MM. de Caraman et à moi, et si l'État payerait en rentes sur l'État les propriétaires des actions données par Buonaparte ; ou si on nous laisserait supporter le poids de ces charges, se bornant à nous restituer les actions dont on n'avait pas encore disposé. Le roi s'arrêta à ce dernier parti, et proposa aux Chambres une loi pour l'adopter. Après de longs débats, elle fut votée par les Chambres, et finalement sanctionnée par le roi, le 5 décembre 1814.

Pour rendre intelligible ce que je vais dire, il faut que je rappelle que, lors de la formation de la liste civile, le roi, d'accord avec les Chambres, avait supprimé le domaine extraordinaire, et qu'il avait été stipulé par une loi, que toutes les parties de ce domaine extraordinaire, qui, par la nouvelle loi, n'étaient pas affec-

je suis très-paresseux ; et je ne serais pas étonné que je ne pusse pas encore lui expédier des lettres de service dans la journée de demain.

— Cela m'est assez indifférent, lui dis-je, et

tées à la liste civile du roi, seraient remises au ministre des finances, pour faire partie des revenus publics.

Aussitôt que la loi du 5 décembre fut rendue et sanctionnée, je réclamai auprès du ministre des finances la restitution des actions de mes canaux, qui devaient m'être rendues aux termes de cette loi. Le ministre des finances me répondit que le ministre de la maison du roi ne lui avait pas encore remis le domaine extraordinaire. Je m'adressai donc au ministre de la maison du roi (M. de Blacas), qui me dit que, comme il n'avait pas *légalement* possession du domaine extraordinaire, il ne pouvait faire aucun acte qui le concernât. Cet argument ne me parut pas satisfaisant, et il devait me le paraître d'autant moins, que j'ai su depuis que, comme le domaine extraordinaire se trouvait beaucoup plus considérable qu'on ne l'avait cru, on en retardait la remise au ministre des finances, dans l'espoir de le faire réunir à la liste civile. Je représentai que, quelle que fût la destination ultérieure du domaine extraordinaire, il fallait toujours qu'on me rendît mes actions, et qu'on ne pouvait pas me les refuser, quand je me présentais la loi à la main pour les réclamer. On ne me contestait ni mon droit, ni la justice de ma réclamation ; mais en attendant, on gardait mes actions. Cependant, comme on allait payer les dividendes au 1er janvier 1815, je les réclamai ; on se contenta de me répondre que les comptes étant très-embrouillés, les dividendes des actions non aliénées, et celles dont les titres n'étaient pas clairs, resteraient en dépôt dans la caisse de l'administration des canaux. J'appris bientôt après qu'ils avaient été versés dans la caisse de l'administration de la liste civile, par

il me suffit que le roi soit informé des motifs qui m'empêchent de partir ce soir comme il me l'avait ordonné. Je quittai le duc de Feltre assez étonné du résultat de ma visite.

ordre du ministre du roi. Ce procédé m'indigna ; et s'il y avait eu en France quelque tribunal qui eût pu me faire rendre justice, je crois que j'y aurais eu recours ; mais mon conseil m'apprit qu'il n'y avait point en France de tribunal compétent pour connaître de cette matière. Je me bornai donc à faire de nouvelles plaintes et de nouvelles réclamations, dont le résultat fut l'assurance que me donna M. de Blacas, que le roi me remettrait une somme à compte en attendant la restitution. Dès le mois de janvier, mon conseil fut informé qu'il me serait payé une somme de trois cent mille francs pour cet objet ; mais aucune remise ne me fut faite jusqu'au 15 de mars, époque à laquelle, ainsi que je viens de le dire, je reçus une somme de cinq cent mille francs pour couvrir les dépenses de mon voyage de Lyon et celles du commandement dont je me chargeais. On a vu plus haut que le roi remettait en même temps des sommes assez considérables à tous les autres princes.

16 MARS.

On me notifie que le Roi va aux Chambres. — Je vais prendre les ordres du Roi. — J'accompagne le Roi dans sa voiture. — Détails sur le trajet. — Séance royale. — Le roi embrasse les maréchaux Mortier et Macdonald. — Mes lettres de service. — Lettre du ministre de la guerre.

Le 16 mars, M. de Brézé, grand maître des cérémonies, vint de très-bonne heure au Palais-Royal, m'annoncer de la part du roi que Sa Majesté irait aux Chambres à deux heures, pour tenir une séance royale; il ajouta que le roi croyait qu'il ne me trouverait plus, parce que j'avais dû partir la veille au soir. J'expliquai à M. de Brézé que je n'attendais que mes lettres de service, et que je serais parti si le ministre de la guerre me les avait expédiées; mais que si le roi voulait que je l'accompagnasse aux Chambres, je retarderais mon départ jusqu'au soir; M. de Brézé m'ayant répondu qu'il n'avait pas d'ordres précis du roi sur ce que je devais faire, je me décidai à aller moi-même m'assurer des intentions de Sa Majesté. Je me rendis aux Tuileries à l'heure où je savais que le déjeuner du roi était terminé, et je lui dis que je venais lui demander la permission de le suivre aux Chambres, où j'avais appris, par M. de Brézé, qu'il devait aller à deux heures; que j'espérais par conséquent que Sa Majesté trouverait bon que je ne partisse que le soir. Le roi l'approuva entièrement; mais, en me disant qu'il désirait que je l'accompagnasse aux Chambres, il me témoigna que son intention était que je partisse aussitôt après la séance. Je rappelai au roi qu'en partant, je laissais ma sœur seule au Palais-Royal; je lui dis que je la recommandais de nouveau à sa protection spéciale, et que, si le roi quittait Paris, je le suppliais d'en faire avertir ma sœur à temps, pour qu'elle pût partir sans difficulté.

A deux heures, je me rendis chez le roi.

Nous attendîmes longtemps avant que le roi parût. Alors nous nous mîmes en marche, et le grand escalier des Tuileries retentit encore fortement des cris de : *Vive le roi!* au moment où la foule aperçut Sa Majesté. Le roi était dans le fond de la voiture avec Monsieur, et M. le duc de Berri était sur le devant avec moi.

Le roi portait pour la première fois ce jour-là la plaque de la Légion-d'Honneur. Il eut la bonté de me le faire remarquer, en me la montrant du doigt, et en me disant :

— Monsieur, voyez-vous cela?

— Oui, Sire, lui répondis-je, je la vois avec plaisir. Il est vrai que j'aurais préféré la voir plus tôt; mais enfin, Sire, *vaut mieux tard que jamais.*

Si j'avais manifesté au roi toute ma pensée, je lui aurais dit que c'était lors de son entrée dans Paris, le 3 mai 1814, qu'il aurait dû se décorer de la plaque de la Légion-d'Honneur, et s'associer franchement à la gloire de l'armée, car alors elle y aurait été sensible ; tandis qu'après tous les dégoûts qu'on lui avait donnés, il était absurde de rien espérer d'une concession aussi tardive, surtout lorsque les circonstances du moment devaient la faire envisager plutôt comme un aveu de faiblesse que comme un changement de système.

Le Carrousel, les quais, le Pont-Royal étaient occupés par de la cavalerie et de l'infanterie de ligne, parmi lesquels on n'entendait que quelques cris isolés de : *Vive le roi!* Le peuple qui était derrière les troupes, y suppléait par des cris assez soutenus; mais je remarquai dans le trajet des intervalles de silence, ce que je n'avais pas observé le 4 juin 1814, lorsque j'avais suivi le roi à l'ouverture des Chambres, pour la publication de la Charte constitutionnelle. Cette froideur, qui me semblait si manifeste, ne frappait pas M. le duc de Berri. Il paraissait au contraire enchanté de la disposition qu'il croyait voir dans les troupes, et s'en réjouissait hautement.

— Ah! disait-il, comme ceux-ci se battront!

Et quand je lui montrais des pelotons entiers

où on n'entendait pas un seul cri de: *Vive le roi!* et où on ne voyait que des mines refrognées et de mauvaise humeur, malgré les copieuses distributions d'eau-de-vie et d'argent, qui avaient été faites préalablement, il me répondait avec sa bonhomie ordinaire :

— Oui, ceux-là rechignent un peu; mais c'est égal, la masse les entraînera.

Le roi ne faisait pas beaucoup d'attention à ce qui se passait dans les troupes et dans le peuple. Il paraissait très-occupé du discours qu'il allait prononcer aux Chambres, et nous le récita tout haut dans la voiture, comme le 4 juin il nous avait récité celui de l'ouverture. Il fut accueilli dans la salle avec acclamation, et les Chambres manifestèrent même de l'enthousiasme, au moment où le roi jura l'observation de la Constitution. Monsieur parla après le roi, et jura aussi d'observer la Constitution ou de la maintenir; je ne me rappelle pas exactement le mot dont il se servit.

Après la séance, le roi s'étant retiré dans la salle où il attend ordinairement que le cortége soit mis en ordre, appela successivement les maréchaux duc de Tarente et de Trévise, et les embrassa après leur avoir fait un compliment très-flatteur sur leur conduite à Lyon et à Lille.

Au retour, j'eus de même l'honneur d'accompagner le roi dans sa voiture, et, après avoir pris congé de lui et des autres princes, je rentrai au Palais-Royal, où je trouvai mes lettres de service dont voici la copie, ainsi que celle de la lettre que m'écrivit le ministre de la guerre en me les envoyant.

LETTRES DE SERVICE.

MINISTÈRE DE LA GUERRE.

« Louis, par la grâce de Dieu, roi de France et de Navarre,

» Ayant à désigner un commandant en chef pour être employé en cette qualité au commandement des troupes stationnées dans les départements du Nord, a fait choix de son très-cher et bien-aimé neveu, le duc d'Orléans, lieutenant-général de ses armées.

» Il est en conséquence ordonné aux officiers-généraux, aux officiers d'état-major, à ceux de l'artillerie et du génie, aux inspecteurs aux revues, aux commissaires ordonnateurs et ordinaires des guerres, aux commandants des corps et à tous autres qu'il appartiendra, de le reconnaître et faire reconnaître en ladite qualité par ceux étant à leurs ordres.

» Fait à Paris, le 16 mars 1815.

» *Le ministre secrétaire d'État de la guerre,*

» Duc de Feltre. »

MINISTÈRE DE LA GUERRE.

PREMIÈRE DIVISION. — ÉTATS-MAJORS.

« Monseigneur,

» D'après les ordres du roi, j'ai l'honneur de faire connaître à Votre Altesse, que l'intention de Sa Majesté est que Votre Altesse sérénissime parte sans délai pour aller prendre le commandement en chef des troupes stationnées dans les départements du Nord; M. le maréchal duc de Trévise en conservera le commandement sous les ordres immédiats de Votre Altesse.

» Par les mêmes dispositions, le roi autorise Votre Altesse à décerner en son nom les décorations de l'Ordre royal et militaire de Saint-Louis et de la Légion-d'Honneur, à ceux des officiers, sous-officiers et soldats sous ses ordres, qui, par leur conduite et leurs services, lui paraîtront avoir droit à ces récompenses ; Sa Majesté se réservant toutefois la confirmation desdites nominations.

» J'ai l'honneur d'adresser à Votre Altesse sérénissime ses lettres de service ; je la prie de me désigner les officiers qu'elle veut avoir à son état-major.

» Je suis avec respect,

» Monseigneur,

» De Votre Altesse sérénissime,

» Le très-humble et très-obéissant serviteur.

» *Le ministre secrétaire d'État de la guerre,*

» Duc de Feltre. »

17 MARS.

J'arrive à Péronne. — Ordre du jour. — Conférence avec les chefs de corps. — La solde des troupes est arrivée. — Il n'y a ni argent ni vivres. — J'assigne aux troupes de nouveaux cantonnements. — Mon opinion sur l'état des choses. — Dénuement de Lille et de Valentiennes. — J'y envoie quelques bataillons. — Dissertation sur cette mesure. — Le Roi et les ministres avaient rejeté le projet de se retirer à Lille. — Le Roi ne s'était arrêté à aucun projet.

Je prévins aussitôt le duc de Trévise que je partirais aussitôt pour Péronne. J'y arrivai le 17 mars, dans la matinée, et le duc de Trévise me suivit de près. Il me fit sur-le-champ reconnaître dans sa division (la 16me division militaire) par un ordre du jour, et j'adressai moi-même aux troupes ce qui suit :

« Soldats,

» Honoré de la confiance du roi, je viens vous rappeler combien il importe au bien du service de Sa Majesté, et au salut de notre patrie, que vous déployiez contre ses ennemis intérieurs cette même loyauté et cette même énergie que vous avez constamment déployée contre ses ennemis extérieurs. C'est ainsi que vous soutiendrez l'honneur du nom français, déjà si exalté par vos victoires, par les victoires de cette brave armée, à laquelle je m'honore d'appartenir. J'ai la ferme confiance, et j'aime à vous le témoigner, que, fidèles au serment que vous avez prêté au roi, c'est à vous que la France devra encore son salut et sa préservation de tous les maux dont elle est menacée. »

Il n'y avait à Péronne et aux environs que trois régiments de cavalerie et point d'infanterie; savoir : le 3e de chasseurs à cheval (Dauphin), le 3e et 4e de lanciers (Dauphin et Monsieur); j'envoyai chercher les colonels qui vinrent chez moi avec les officiers. Je retins à dîner les colonels et les chefs d'escadron, et je leur annonçai que je verrais leurs régiments le lendemain matin. En m'entretenant avec eux, je m'aperçus avec étonnement qu'ils étaient peu instruits de ce qui se passait et des progrès de Buonaparte. Je les trouvai en général bien disposés; mais ils me dirent que, quoique leurs soldats fussent très-soumis, les nouvelles qu'ils apprenaient successivement faisaient un si grand effet sur eux, qu'ils ne pouvaient pas répondre de ce qui arriverait s'ils se trouvaient en contact avec des troupes qui eussent arboré la cocarde tricolore et reconnu Buonaparte, dont le nom avait encore un effet magique sur tous les militaires français.

J'appris en outre que la solde de la plupart de ces troupes était arriérée, que les troupes murmuraient beaucoup de ce retard, et que les marches et les contremarches qu'on leur avait fait faire depuis quinze jours, dans les boues de Flandre et de Picardie, avaient augmenté leur mécontentement. Je fis venir le commissaire des guerres qui me rendit compte que la caisse du district de Péronne ne pouvait fournir qu'un très-faible secours. Je tâchai d'y suppléer, en lui donnant une autorisation pour demander à tous les receveurs des districts voisins les fonds qu'ils avaient en caisse, quoique j'eusse lieu de craindre que cette opération ne fût lente, et que le résultat n'en fût insuffisant.

Je questionnai ensuite le commissaire sur les moyens de subsistance. Il me répondit qu'il y en avait fort peu à Péronne, et qu'il n'y en avait pas davantage à Amiens. En sorte que je ne voyais pas comment je ferais vivre les sept mille hommes qui devaient être cantonnés derrière la Somme. J'expédiai sur-le-champ une estafette au duc de Feltre, pour lui faire connaître l'état où je trouvais les choses, et lui représenter combien il était urgent, dans un moment aussi critique, de pourvoir à la paye et à la subsistance des troupes.

J'ordonnai ensuite le mouvement rétrograde de toutes les troupes qui s'étaient avancées jusqu'à Noyon et Soissons, et je les fis cantonner à Saint-Quentin, Péronne, Bapaume et Albert. J'envoyai les dragons à Lihons et un régiment de lanciers à Braye et Corbie, avec ordre de porter un détachement à Amiens, où j'eus soin de plam'occuper spécialement des places. Il fallait atteindre deux objets : l'un, celui de les maintenir dans l'obéissance du roi ; l'autre, celui d'en faire des points de ralliement pour les troupes, qui ne reconnaîtraient point en France d'autre gouvernement que celui du roi, et qui voudraient soutenir sa cause. J'appris qu'il ne restait d'autres troupes à Lille et à Valenciennes, les deux places les plus importantes de la frontière du Nord, que des dépôts insuffisants pour en faire le service ordinaire, et que même les gardes nationales et les canonniers volontaires, en état de faire le service, en étaient retirés pour l'armée de Melun. La première mesure que je devais prendre était donc de jeter quelques troupes dans ces places. Je le devais d'autant plus qu'il circulait des bruits très-nuisibles à la cause du roi, par lesquels on faisait craindre que les intentions de Sa Majesté ne fussent d'appeler les armées étrangères à son secours, et de leur confier la garde de quelques-unes de nos places : le renouvellement des troupes stationnées dans la Belgique faisait de jour

rie (1), d'argent, de provisions et d'équipages. Je prévoyais donc que le moment approchait, où il n'y aurait plus de possibilité de se maintenir en France, qu'en se renfermant dans les places qui, par leur nature, offraient plus de moyens de contenir les troupes, d'arrêter ou au moins de retarder leur défection, et de rester en mesure de profiter des chances que les événements pourraient présenter.

Ces considérations générales me portèrent à

(1) Avant de quitter Paris, je fis à cet égard des observations au ministre de la guerre. Il me dit qu'il pensait que l'arsenal de Douai pourrait me fournir tout le matériel dont j'aurais besoin; mais qu'il ne fallait pas compter sur celui de La Fère qui avait été entièrement épuisé pour approvisionner l'armée de Melun. Il ajouta qu'il m'engageait à faire moi-même une tournée dans les places, pour prendre connaissance des ressources qu'elles pourraient m'offrir.

J'appris à Douai qu'en vertu d'ordres consécutifs et réitérés, toute l'artillerie de campagne qui se trouvait disponible dans l'arsenal de cette place avait également été dirigée sur Melun, et que de semblables ordres avaient été expédiés dans les autres places de mon commandement. Le 19 mars, je pris sur moi de suspendre l'exécution de ces ordres; mais l'épuisement était déjà tel, que je parvins à peine à organiser une batterie de campagne à Douai, et même elle ne pouvait être rendue disponible qu'au bout de quelques jours.

m'occuper spécialement des places. Il fallait atteindre deux objets : l'un, celui de les maintenir dans l'obéissance du roi ; l'autre, celui d'en faire des points de ralliement pour les troupes, qui ne reconnaîtraient point en France d'autre gouvernement que celui du roi, et qui voudraient soutenir sa cause. J'appris qu'il ne restait d'autres troupes à Lille et à Valenciennes, les deux places les plus importantes de la frontière du Nord, que des dépôts insuffisants pour en faire le service ordinaire, et que même les gardes nationales et les canonniers volontaires, en état de faire le service, en étaient retirés pour l'armée de Melun. La première mesure que je devais prendre était donc de jeter quelques troupes dans ces places. Je le devais d'autant plus qu'il circulait des bruits très-nuisibles à la cause du roi, par lesquels on faisait craindre que les intentions de Sa Majesté ne fussent d'appeler les armées étrangères à son secours, et de leur confier la garde de quelques-unes de nos places : le renouvellement des troupes stationnées dans la Belgique faisait de jour en jour prendre plus de consistance à ces bruits. Le roi m'avait autorisé à les démentir ; et il me paraissait essentiel, pour l'honneur personnel du roi et pour ses vrais intérêts, qu'il fût au-dessus du soupçon d'avoir voulu livrer nos places aux étrangers. Indépendamment de toutes ces considérations, mon honneur et mes principes me traçaient une ligne de conduite dont j'étais décidé à ne pas m'écarter. J'adoptai donc la proposition que me fit le duc de Trévise, de renvoyer trois bataillons d'infanterie à Lille, et un autre à Valenciennes.

Le retour de ces trois bataillons à Lille est devenu depuis un motif d'attaques et une source de calomnies contre le duc de Trévise, et par conséquent contre moi qui en ai signé l'ordre. Je viens de déduire les motifs qui m'ont déterminé à le donner, et ils me paraissent suffisants pour le justifier pleinement ; mais on a dit que le retour de ces troupes à Lille avait entravé l'exécution des projets que le roi avait sur cette place. Je suis persuadé qu'il n'en avait aucun. Quiconque aura lu ce qui précède doit sentir que je ne devais même pas penser qu'il en eût; car, s'il en avait eu, il aurait fallu qu'il me les confiât, ou qu'il choisît un autre commandant auquel il crût pouvoir les confier, puisque, dans tous les cas, la coopération du commandant était nécessaire à l'exécution des projets quelconques que le roi pouvait avoir. Au reste, non-seulement ni le roi, ni ses ministres ne m'avaient rien dit qui indiquât des projets sur la Flandre, mais ils avaient même repoussé cette idée lorsque je la leur avais suggérée. On se rappellera que j'avais demandé au ministre de la guerre, de quel côté et en quel lieu le roi comptait se retirer, dans la supposition que l'approche ou l'arrivée de Buonaparte le forcerait à quitter Paris, et qu'il m'avait répondu *que la confiance du roi en lui n'avait pas été jusqu'à le lui dire;* qu'en outre, j'avais représenté à ce même ministre, les avantages que je voyais à ce que le roi s'assurât d'une place, pour sa retraite en cas de besoin, et que j'avais proposé d'envoyer d'avance les Chambres à Lille, ce que le ministre avait regardé comme *impraticable ;* qu'enfin, j'avais été au roi lui-même pour lui demander ce qu'il comptait faire, et l'engager à prendre des mesures efficaces pendant qu'il en était encore temps. Mais on se souviendra aussi, que, loin que le roi m'ait donné sur Lille ou sur d'autres places des départements du Nord, dont il me confiait le commandement, aucun ordre pour y préparer sa réception, en cas de nécessité, tout ce qu'il m'avait dit (sans en excepter la recommandation d'*éclairer Amiens*, qui n'était pas sur la route directe de Lille ni sur celle des places de Flandre) devait me porter à croire que, quand il quitterait Paris, il se dirigerait d'un autre côté. J'en étais tellement persuadé, qu'en sortant de chez le roi, j'allai trouver le maréchal Macdonald, qui, comme commandant en second de l'armée de M. le duc de Berri, avait quelques moyens de faire entendre son opinion aux Tuileries, pour l'engager à faire sentir au roi combien il serait impolitique qu'il se retirât dans la Vendée, au milieu des Chouans, et combien il serait préférable qu'il s'enfermât dans une place avec une garnison qui voulût s'attacher à sa cause, surtout s'il pouvait y emmener les Chambres. Le maréchal le pensait comme moi ; il m'assura qu'il avait déjà fait les remontrances les plus fortes contre le projet de se retirer dans la Vendée, et qu'il avait toujours insisté sur la nécessité de prendre des mesures pour s'assurer des places, afin que le roi pût s'y retirer et se maintenir en France ; mais il ajouta que ses idées n'étaient pas goûtées aux Tuileries et que celle de se préparer une retraite à Lille ou dans tout autre place n'avait pas eu plus de succès.

Les détails qui me restent à donner achèveront de prouver que le roi n'avait aucun projet sur la Flandre, avant son départ de Paris. On m'a dit qu'il se serait retiré dans la Vendée, s'il n'avait pas craint que les lanciers royaux, commandés par le général Colbert, n'interceptassent cette route, et que c'était la nouvelle, vraie ou fausse, de leur insurrection qui l'avait fait renoncer à ce projet et l'avait décidé à prendre la route d'Abbeville. Ce que je sais positivement, c'est que le roi n'a pris qu'à Abbeville la résolution de se rendre à Lille ; et j'ai lieu de croire que le bon accueil qui m'avait été fait en Flandre, et particulièrement à Lille, a fortement influé sur cette détermination. Je crois aussi que cette mesure, dont le roi aurait pu retirer les plus grands avantages, n'a échoué que par le défaut total de préparatifs, et par quelques circonstances fâcheuses du moment. Ceci se développera mieux dans la suite de mon récit.

18 MARS.

Départ de Péronne. — Discours aux troupes devant Péronne. — Arrivée à Cambrai. — Revue des chasseurs royaux et du 21e régiment de ligne. — Réflexions. — Discours aux officiers. — Arrivée des canonniers Lillois se rendant à Melun. — Le télégraphe accélère le départ des gardes nationales des places. — Représentation à ce sujet au ministre de la Guerre. — J'arrive à Douai. — Ma réponse aux harangues. — Accueil qu'on me fait à Douai. — Je reçois les visites de corps. — Discours que je leur adresse. — Impression qu'il produit sur eux. — Arrivée à Douai de la seconde compagnie de canonniers Lillois.

Je partis de Péronne le 18 mars, pour visiter les places de Cambrai, Douai et Lille. J'avais le projet de revenir ensuite par Arras, et de parcourir mes cantonnements derrière la Somme, ce que les circonstances ne m'ont pas permis de faire. A peu de distance de Péronne, je passai en revue les trois régiments de cavalerie, qui étaient rassemblés sur la route de Cambrai. Le colonel du 3e des chasseurs à cheval, qui occupait la droite de la ligne, débuta par un cri de : *Vive le roi!* très-bien articulé, qui ne fut pas répété par son régiment. Le 3e et le 4e de lanciers furent moins silencieux, et firent entendre quelques cris de : *Vive le roi!* Après avoir passé devant le front de ces trois régiments, qui ne formaient ensemble qu'environ six cents chevaux, je fis réunir les officiers en cercle, et je leur adressai une courte harangue, qu'ils accueillirent assez bien. Je leur témoignai d'abord la satisfaction que j'éprouvais à me retrouver au milieu de mes anciens camarades et de cette brave armée française, dans les rangs de laquelle je me glorifiais d'avoir fait mes premières armes; mais que, plus je m'en glorifiais, plus je me flattais que ce ne serait pas en vain que je faisais un appel à leur patriotisme, à leur attachement aux véritables intérêts de la France, et enfin à la foi du serment de fidélité qu'ils avaient prêté au roi. Je leur dis que je venais les engager à se rallier autour du roi, et à concourir de tous leurs moyens à repousser l'agression de celui qui, après les avoir tant de fois conduits à la victoire, avait sacrifié ses braves compagnons à son ambition démesurée, et compromis les plus chers intérêts de la France par l'extravagance de ses entreprises. Je m'efforcai de leur faire sentir le peu de confiance que méritaient les promesses de Buonaparte, en leur rappelant combien de fois il avait manqué à ses engagements les plus sacrés. Je m'attachai particulièrement à les convaincre qu'il les avait dégagés de toute obligation envers lui, par cette abdication solennelle, au mépris de laquelle il revenait cependant aujourd'hui les entraîner à méconnaître leurs devoirs envers la France et envers le roi. Enfin je fixai leur attention sur les maux qui allaient de nouveau fondre sur la France, si tous les bons Français ne se ralliaient pas pour s'opposer au rétablissement d'un gouvernement et d'un système, qui rappelleraient infailliblement, sur notre malheureuse patrie, les forces réunies de toute l'Europe, dont elle avait déjà été accablée en 1813 et 1814. Sur la présentation des colonels, j'accordai quelques décorations de la Légion-d'Honneur. Je vis ensuite défiler les trois régiments, et, immédiatement après, je montai en voiture avec le duc de Trévise, et nous partîmes pour Cambrai.

L'accueil qu'on me fit à Cambrai fut très-différent de celui que j'avais reçu à Péronne, où le peuple m'avait témoigné autant d'indifférence et de froideur que les troupes. Les habitants de Cambrai, ayant été prévenus de mon arrivée, se portèrent en foule à ma rencontre, en criant sans cesse : *Vive le roi! Vivent les Bourbons!* A quelque distance de la ville, je trouvai le général Lyons, commandant des chasseurs royaux, avec une garde d'honneur de ce régiment. Je montai à cheval, et je me rendis avec le maréchal duc de Trévise sur la grande place, pour y passer en revue les chasseurs royaux et le 21e régiment d'infanterie de ligne. L'enthousiasme que le peuple manifestait ne put altérer le flegme des troupes qui gardèrent le silence. Cependant les chasseurs royaux témoignèrent moins d'humeur que je m'y serais attendu. Je remarquai que, quoique tous eussent arraché les fleurs de lys de dessus leur sabretache, quelques-uns d'entre eux avaient encore le lys à la boutonnière, et que tous les officiers le portaient exactement.

Je n'ai jamais vu un plus beau régiment ni des hussards plus lestes et plus militairement tenus : leur habillement n'était pas frais, mais je fus étonné de les trouver encore en aussi bon état, quand j'appris qu'ils n'avaient reçu ni habillement, ni équipement depuis la Restauration, et que tout ce que je voyais avait fait la campagne qui avait précédé. Les mameloucks défilèrent à la tête du régiment; ils portaient le croissant sur leurs turbans. Je leur demandai s'il y en avait encore parmi eux qui fussent venus d'Égypte; mais ils me répondirent qu'ils étaient tous Français. Pendant que ce régiment défilait devant moi, je réfléchissais sur la faute énorme que le roi avait faite de ne pas s'être entouré, dès son arrivée, des troupes de la vieille garde, et de n'avoir pas profité de la disposition où elles étaient à cette époque. Quelle différence, si, au lieu de leur témoigner, en toutes occasions, l'éloignement qu'on avait pour elles, on se fût appliqué franchement à se les attacher! De pareilles troupes dévouées à la cause du roi lui auraient été bien plus utiles que les gardes du corps et les mousquetaires.

Les cris non interrompus de la foule qui couvrait la place et qui m'enveloppait de toutes parts ne me permirent pas de parler aux officiers. Je ne les appelai donc pas au cercle, et je leur donnai rendez-vous à l'Évêché, aussitôt que le régiment serait rentré dans ses quartiers.

Lorsque le général Lyons me les présenta, je commençai par leur faire quelques compliments sur la réputation militaire de leur corps et sur le plaisir que j'avais à les voir. Je leur répétai à peu près ce que j'avais dit aux troupes de Péronne, et j'y ajoutai que je me plaisais à trouver dans la fidélité avec laquelle ils avaient servi Napoléon, tant qu'il avait été leur chef et celui de la France, un gage de celle avec laquelle de braves soldats comme eux serviraient le roi Louis XVIII (quels que fussent d'ailleurs leurs sentiments personnels) contre tous ses ennemis intérieurs et extérieurs. Je témoignai ensuite quelques regrets de ne pouvoir pas plus longtemps m'arrêter à Cambrai, pour voir le régiment plus en détail ; le général Lyons me proposa de le réunir dans la cour du quartier, et j'acceptai avec plaisir sa propositon. Je pérorai ensuite les officiers du 21e de ligne à peu près dans le même sens, et je reçus la visite des corps administratifs et de la garde nationale.

Pendant que j'étais encore à Cambrai, il y y arriva une compagnie de canonniers volontaires de la garde nationale de Lille, qui se rendait à Paris avec ses pièces de campagne, conformément aux ordres qui avaient été envoyés dans les places, de faire partir sur-le-champ pour Paris toutes les ressources qui pouvaient devenir si précieuses ailleurs. On éprouvait cependant déjà les terribles effets de la faute qu'on avait commise, dans le principe, en envoyant isolément à Lyon, et en quelque sorte au devant de Buonaparte, tous les moyens par lesquels on se flattait de l'arrêter ; car il est douteux que, sans l'accession de ces moyens, il eût pu marcher sur Paris, et il est au moins certain que sa marche eût été plus lente. Mais on n'avait pas profité de cette leçon, quelque forte qu'elle fût; et le 18 et le 19 mars, tandis que Buonaparte était à Joigny, à Montereau, et que l'armée de Melun se joignait à lui en détail, l'aveuglement du gouvernement était encore tel, qu'à tout instant les dépêches télégraphiques accéléraient l'expédition de ce qui avait été ordonné pour Melun et pour Paris, et qui cependant ne pouvait plus servir qu'à Buonaparte. Je ne m'étonne pas que bien des gens aient vu de la trahison dans de pareilles mesures ; quant à moi, je n'y ai vu qu'un zèle mal entendu, un défaut de plan et une incohérence dans les opérations, qui devaient tout perdre, comme cela est effectivement arrivé. Il me semble que ceci présente de nouvelles preuves bien fortes que le roi n'avait pas formé d'avance le projet de se rendre à Lille ; car, dans ce cas, il n'en aurait pas fait sortir la partie la plus solide et la plus utile de la garde nationale.

Les officiers de cette compagnie de canonniers vinrent prendre mes ordres, et me demandèrent si je croyais qu'ils arriveraient encore à temps pour la bataille de Melun : c'était le 18 mars; ils venaient de Douai ce jour-là, et ils ne pouvaient par conséquent partir de Cambrai que le lendemain. Je fus un peu embarrassé de cette question, parce que, d'une part, je ne comptais pas sur la bataille de Melun, et que, de l'autre, je calculais que Buonaparte serait à Paris avant eux, puisqu'ils ne pouvaient y arriver que le 22. Je savais que Buonaparte avait été le 16 à Auxerre, et je ne doutais pas qu'il ne fût devant Melun ou même à Paris avant le 22, ce qui est effectivement arrivé. Je répondis donc à ces officiers le plus vaguement que je pus, en leur disant qu'ils arriveraient toujours à temps pour montrer leur zèle et faire preuve de leur dévouement pour le roi et pour la France; que d'ailleurs je ne pouvais rien changer à leurs ordres, et que de bons Français comme eux devaient les suivre sans s'embarrasser des événements. J'écrivis sur-le-champ au ministre de la guerre pour lui représenter combien il était impolitique de dégarnir ainsi les places de leurs gardes nationales, et pour lui faire sentir que cette mesure ne pouvait présenter aucun avantage, puisqu'il paraissait impossible qu'elles arrivassent à temps pour le choc de Melun, si toutefois le choc avait lieu. Je lui observai que si Buonaparte succombait, ces gardes nationales étaient au moins inutiles, tandis que c'était surtout dans le cas contraire que leur absence des places deviendrait un très-grand mal; et qu'alors il arriverait nécessairement, ou qu'elles tomberaient dans ses mains avec toute leur artillerie, ou que, rebroussant chemin en désordre, elles sèmeraient l'effroi sur la route et à travers le pays.

L'évêque de Cambrai me donna un grand dîner, auquel tous les chefs de corps furent invités. Je partis immédiatement après, emmenant toujours le duc de Trévise, avec qui je m'entretenais, chemin faisant, des premières campagnes que nous avions faites ensemble dans l'armée du général Dumourier.

Il était presque nuit lorsque j'arrivai à Douai. Le commandant, les généraux, le maire, les municipaux et une foule considérable m'attendaient sur le glacis de la place. Le maire eut de la peine à se faire entendre au milieu des cris de : *Vive le roi ! vivent les Bourbons ! à bas le tyran, à bas !* qui retentissaient de toutes parts. Enfin il obtint un moment de silence et parvint à lire sa harangue, qui était fort énergique. Je lui répondis de ma voiture, en adressant en même temps ma réponse au peuple et aux militaires qui m'entouraient. Je leur témoignai d'abord combien j'étais sensible à l'attachement qu'ils manifestaient pour le roi et pour les Bourbons, et combien j'aurais de plaisir à en transmettre l'expression à Sa Majesté. Je leur dis ensuite que le roi m'avait envoyé dans les départements du Nord, avec le brave maréchal que j'avais à mes côtés, pour prendre toutes les mesures qui pouvaient assurer à la France et au roi la conservation de cette précieuse barrière, et les préserver du malheur de retomber sous le joug de Buonaparte. Ici, je fus interrompu par des cris terribles :

— Oui, oui : *A bas le tyran ! vive le roi ! vivent les Bourbons ! à bas Buonaparte !*

Je descendis de voiture avec le maréchal duc de Trévise pour entrer à pied dans la ville ; la foule se pressait tellement autour de nous que nous faillîmes être étouffés en passant les ponts-levis et les voûtes. Nous trouvâmes heureusement dans l'intérieur de la ville des chevaux, que le général Lahure, commandant de la place, nous avait fait préparer, et nous fîmes notre entrée à cheval, précédés par une compagnie de gardes nationaux assez bien armés, mais la plupart sans uniformes. Nous marchions entourés de quelques drapeaux blancs, au milieu des cris d'une foule immense, et à la lueur des torches et des flambeaux, ce qui donnait à notre cortége un aspect assez singulier. Toutes les fenêtres étaient ornées de drapeaux, les femmes agitaient leurs mouchoirs ou applaudissaient et mêlaient leurs cris à ceux de la foule. Nous fûmes ainsi conduits à la principale place de la ville, où le 19e régiment d'infanterie de ligne était sous les armes, ainsi que ce qui restait d'artillerie à cheval à Douai. Le 19e cria : *Vive le roi!* très-franchement, et même quelques soldats me saluèrent en agitant leurs schakos. Je fus très-frappé de cette réception, et elle me donna plus d'espoir que je n'en avais eu jusqu'alors d'empêcher les places de reconnaître l'autorité de Buonaparte, et de les maintenir, ainsi que leurs garnisons, dans l'obéissance du roi. Le maréchal duc de Trévise partageait cette espérance et me disait que je trouverais Lille dans la même disposition que Douai. Il m'assurait que cette disposition était celle de tout le département du Nord, et de celui du Pas-de-Calais ; mais, quant aux troupes, il ne me dissimulait pas que les promenades qu'on leur avait fait faire hors de leurs garnisons les avaient mécontentées, et que leur esprit avait été gâté, tant par le dégoût qu'elles en avaient éprouvé, que par le contact qui en était résulté entre elles et les habitants des départements de l'Aisne et de la Somme, dont l'esprit était, en général, très-différent de celui des deux autres.

Aussitôt que je me fus rendu à la maison qu'on avait préparée pour moi, j'y reçus la visite de toutes les autorités, de la Cour royale, des tribunaux, des généraux et des différents corps d'officiers. Je laur témoignai à tous successivement combien j'étais sensible à l'accueil qui m'était fait à Douai par les troupes et par les habitants. Je leur dis que cet accueil, et le bon esprit dont je les voyais animés, me fortifiaient dans l'espérance que j'avais conçue de sauver la France dans le département du Nord, en opposant la résistance des places fortes au gouvernement qu'il n'y avait que trop lieu de craindre que Buonaparte établît à Paris. J'ajoutai que c'était là l'objet qui m'amenait parmi eux, et celui pour lequel le roi m'avait investi de sa confiance, dans le commandement qu'il lui avait plu de me donner ; que le trône du roi était le *palladium* qui pouvait seul, dans la crise actuelle, sauver la France de tous les maux dont elle était menacée ; que tous les petits intérêts particuliers, tous les mécontentements personnels devaient se perdre dans le grand intérêt de sauver la patrie, en défendant cette précieuse barrière qui nous était confiée, contre tous les ennemis, soit intérieurs, soit extérieurs. Je leur dis aussi que je n'ignorais pas que la malveillance avait cherché à répandre le bruit, que le roi voulait introduire des troupes étrangères dans nos places; que j'étais chargé spécialement par le roi de démentir tous les bruits de cette espèce, et de les assurer que c'était *par eux et avec eux* que le roi voulait défendre nos places.

Je m'attachai ensuite à leur développer le plan que j'avais formé, et dont j'attendais les plus grands avantages pour la France, pour le roi, et particulièrement pour les habitants des places et pour les garnisons qui se décideraient à le suivre. Je leur dis que ce plan consistait à ne reconnaître d'auter gouvernement en France que celui du roi, et par conséquent à refuser l'entrée de nos places à tous les agents ou émissaires qui pourraient venir de Napoléon, aux troupes françaises qui ne seraient pas sous l'obéissance du roi, ainsi qu'à toutes les troupes étrangères quelconques. Je m'engageai alors solennellement envers eux à m'opposer à l'introduction d'aucune troupe étrangère dans nos places, et je leur dis que je serais le premier à faire tirer sur elles l'artillerie de nos remparts si elles entreprenaient d'y pénétrer de force. Je m'efforçai de leur faire sentir combien il serait à la fois glorieux et avantageux pour eux de concourir à l'exécution d'un plan qui assurerait à la France l'intégrité de cette frontière, et qui préserverait ces places et leurs habitants des chances et des malheurs de la guerre, surtout si, comme je croyais pouvoir le leur annoncer, l'Europe entière était décidée à se réunir de nouveau contre notre malheureuse patrie, dans le cas où elle retomberait sous le joug de Buonaparte. Je terminai en leur disant que je venais de leur faire connaître le système que je voulais suivre, que je comptais sur eux pour son exécution, et que de mon côté je leur donnais l'assurance de les assister de tous mes moyens et de me dévouer entièrement à cette noble entreprise.

Pendant que je leur parlais, j'avais observé sur leurs physionomies l'impression et les progrès que je faisais sur eux, et je sentais bien que j'avais obtenu un résultat favorable. La conférence particulière que j'eus ensuite avec tous les chefs confirma cet aperçu. Elle fut très-satisfaisante, et j'y fus efficacement appuyé et assisté par M. le maréchal duc de Trévise. Il insista fortement sur la nécessité d'adopter et de suivre le plan que j'avais indiqué, et contribua beaucoup à y rallier tous les chefs, qui me donnèrent, à cet égard, les assurances les plus positives.

Vers le soir, une seconde compagnie de canonniers volontaires de la garde nationale de Lille arriva à Douai, marchant sur Paris. J'avais d'autant plus d'envie de la faire rétrograder, que j'apprenais qu'il ne restait presque point de canonniers de ligne à Lille, et qu'il n'y en avait pas assez à Douai pour qu'il fût possible d'en envoyer dans les autres places. Si je n'avais suivi que mon propre mouvement, j'aurais renvoyé sur-le-champ cette compagnie, étant bien persuadé qu'elle ne pourrait pas arriver à Paris avant que l'affaire ne fût décidée d'une manière ou de l'autre; mais, quand on m'informa qu'on avait encore reçu de Paris, dans la journée (c'était le 18 mars), une dépêche télégraphique pour accélérer leur départ et leur marche, je ne crus pas devoir prendre sur moi de les arrêter et de les renvoyer à Lille, et je leur laissai continuer leur route vers Paris.

19 MARS.

Dispositions faites dans l'arsenal de Douai. — Départ pour Lille. — Rencontre de la 3e compagnie de canonniers Lillois. Il la renvoie à Lille. — Mon arrivée à Lille. Comment j'y fus accueilli. — Visites de corps; harangues. — Conférences avec les généraux et les colonels. — Explication avec le général Dufour. — Lettre du ministre de la guerre. — Réflexions sur cette lettre. — Je fais rentrer les troupes dans leurs garnisons.

Le 19 mars, après avoir reçu les dames de Douai, j'assistai à une messe militaire dans l'église de Saint-Pierre, avec le maréchal et tous les généraux. Je me rendis ensuite à l'arsenal, que je trouvai fort épuisé par les envois qui avaient été faits à l'armée de Melun. J'y fis cependant des dispositions qui devaient me donner, dans quatre jours, à Lille, une batterie de campagne, et en même temps, si c'était possible, une demi-compagnie d'artillerie à cheval, indépendamment de celle qui était prête, et qui allait partir pour Paris. Comme il importait que cette organisation n'éprouvât aucun retard, je donnai l'autorisation nécessaire pour appliquer à ce service un fonds de 30,000 fr. qui était destiné à un autre usage. Je partis ensuite pour Lille, ayant toujours dans ma voiture le maréchal duc de Trévise.

Je retrouvai, en traversant les villages, le même enthousiasme qui s'était manifesté à Douai, et les paysans accouraient de tous côtés aux bords de la route, pour crier : *Vive le roi! vivent les Bourbons! à bas le tyran!* A Pont-à-Marque, je rencontrai une troisième compagnie de canonniers de Lille qui se rendait à Paris; mais, pour cette fois, je perdis patience, et lui donnai l'ordre de retourner immédiatement à Lille. J'arrivai à Lille entre trois et quatre heures après-midi. Le lieutenant-général Dufour, commandant de la place, m'attendait sur le glacis avec toutes les autorités : un grand nombre d'habitants étaient sortis de la ville, et je fus accueilli aux cris de : *Vive le roi!* Les dépôts d'infanterie et celui du 12e régiment de cuirassiers, qui étaient réunis sur le glacis, paraissaient aussi de fort bonne humeur, surtout les cuirassiers. Je montai à cheval, ainsi que le maréchal Mortier, et nous entrâmes dans la ville, qui, comme celle de Douai, était tapissée de drapeaux blancs et de fleurs de lys. Lille étant une ville très-populeuse, il y avait une foule immense dans toutes les rues que nous traversions et dans celles qui y aboutissaient. L'exaltation du peuple contre Buonaparte s'y manifestait de la manière la plus énergique. Les trois bataillons que j'avais renvoyés à Lille y arrivèrent presqu'en même temps que moi, en sorte que je reçus la visite de leurs officiers avec celle de tous les autres corps de la garnison et de toutes les autorités; cela fut fort long. J'y vis avec étonnement une députation des officiers à demi-solde du département du Nord, qui, par suite des dernières mesures, avaient été réunis à Lille, pour être employés dans les corps des volontaires royaux qu'on cherchait alors à former dans toute la France. Ils me dirent qu'ils venaient seulement en députation parce qu'ils étaient trop nombreux (ils étaient plus de mille), et qu'il n'y avait pas de salle assez grande pour les contenir tous, mais qu'ils me priaient de les passer en revue le lendemain, à la citadelle ; ce que je leur promis et ce que je fis en effet. Il me semble que si le roi avait eu le projet de se retirer à Lille, on n'aurait pas choisi cette place importante pour en faire le dépôt d'un aussi grand nombre d'officiers, sur la bonne disposition desquels on n'avait aucune raison de compter. Je haranguai tous les corps d'officiers, et, comme ce que je leur dis était à peu près la même chose que ce dont j'ai rapporté la substance, je m'abstiendrai de le répéter ici. Je crus m'apercevoir que ces discours faisaient impression, et qu'ils étaient, en général, bien accueillis par les officiers.

J'eus ensuite des conférences particulières avec les généraux et les colonels, dans lesquelles je leur développai ce que je n'avais fait qu'indiquer, et je fus très-satisfait de leurs dispositions. J'en eus une sérieuse avec le lieutenant-général Dufour, que j'avais connu autrefois, lorsqu'il commandait le 1er bataillon du Pas-de-Calais, dans l'armée du Nord, en 1792. On m'avait donné sur lui des préventions défavorables ; je savais qu'il s'était rendu suspect et désagréable aux habitants de Lille. Je le lui dis franchement, et j'ajoutai que les opinions étaient libres, que je ne lui demandais pas si c'était par inclination ou contre son opinion qu'il servait le roi ; mais que je lui demandais de me dire sincèrement si c'était le roi ou Buonaparte qu'il voulait servir, parce que j'étais venu à Lille pour soutenir et servir le roi contre Buonaparte, et qu'il m'importait de savoir si je pouvais compter sur lui; que, par conséquent, il fallait qu'il optât et qu'il s'en allât, si ses intentions ne s'accordaient pas avec les miennes. Je l'assurai que, s'il voulait se retirer, il pouvait partir sans aucun risque, et que, loin d'en être offensé, j'estimerais sa franchise; mais que s'il restait, il devait entendre distinctement que c'était le roi qu'il devait servir contre Buonaparte, et qu'après qu'il m'aurait donné sa parole, je me fierais à lui entièrement. Il me la donna sans hésiter, en me disant qu'il servirait le roi fidèlement et franchement, tant qu'il n'associerait pas les étrangers à sa cause; que, comme il avait entendu ce que j'avais dit à cet égard de la part du roi, et qu'il ne craignait pas que je lui demandasse l'introduction des troupes étrangères dans nos places, ce à quoi aucune considération humaine ne le ferait jamais consentir, il me promettait de suivre aveuglément mes ordres, et me donnait sa parole d'honneur que je pouvais compter entièrement sur lui.

Telles étaient les dispositions et les craintes que me manifestèrent la plupart des officiers. Je ne rapporte ces détails que pour faire connaître l'esprit dont ils étaient animés, et la marche que j'ai constamment suivie dans mes rapports avec eux; car ma conversation avec le général Dufour n'eut aucune suite, puisque déjà le ministre de la guerre l'avait rappelé à Paris et remplacé par le lieutenant-général marquis de Juvillac, qui arriva à Lille, le 21 mars au matin.

J'écrivis au roi pour lui faire connaître succinctement mes opérations, dont je rendais formellement un compte détaillé au ministre de la guerre. Je ne puis douter que la plupart de ces lettres ne soient tombées dans les mains de Buonaparte, et il est assez singulier qu'il n'en n'ait fait imprimer aucune, quoiqu'il ait publié celles des autres princes.

Les lettres que j'adressai au ministre de la guerre se croisèrent avec celle qu'il m'écrivait, en date du 19 mars. Elle est écrite de sa main, et c'est la seule que j'aie reçue de lui. On verra si elle m'indiquait ce que le roi comptait faire, et surtout si je pouvais en conclure que Sa Majesté viendrait à Lille; la voici :

« Monseigneur,

» Monsieur de Chabot (1) aura dit à Votre Altesse sérénissime quel était l'aspect des affaires ici. Il devient plus fâcheux à chaque instant et menace d'une révolution. La défection

(1) Un de mes aides de camp que j'avais laissé à Paris, avec ordre d'en partir quelques jours après moi.

journalière des troupes en est la cause. J'envoie par estafette à Votre Altesse une lettre de Mademoiselle. Elle lui parle peut-être des intentions du roi que j'ignore, même pour moi, dans toute leur étendue. Le corps de Ney a joint Buonaparte ; celui d'Oudinot est en partie gangrené. Ce serait une grande affaire que de conserver la Picardie au roi. Votre Altesse prendra conseil des circonstances, et, avant tout, elle remplira ses devoirs envers le roi. Je suis désolé de lui donner de telles nouvelles. Je ne suis pas sur un lit de roses.

» Je suis avec respect,

» Monseigneur,

» De Votre Altesse sérénissime,

» Le très-humble et très-obéissant serviteur.

» *Le Ministre de la guerre,*

» Duc de Feltre.

» Paris, 19 mars 1815.

» *Son Altesse Monseigneur le duc d'Orléans. A Péronne ou à Cambrai.* »

Il est évident, par la date de cette lettre et par son contenu, que le ministre sentait l'impossibilité que le roi restât à Paris ; et on doit conclure de deux choses l'une : ou que le ministre ne voulait pas me confier le secret de ce que Sa Majesté comptait faire (ce que je ne crois pas), ou que lui-même ne le savait pas, comme il le dit (ce dont je suis persuadé). J'ai déjà dit que je pensais que le roi n'avait décidé qu'au dernier moment quelle serait la route qu'il prendrait, et où il irait. J'aurai occasion de donner encore d'autres détails, qui ajouteront à la probabilité de cette conjecture. Au reste, il est évident que, si le ministre du roi ne connaissait pas ses intentions, ma sœur devait encore moins les connaître. Elle avait fait sa cour au roi une seule fois depuis mon départ, et Sa Majesté ne lui en avait rien dit.

Quant à l'indication très-vague qui m'était donnée de défendre la Picardie, si je le pouvais, j'observerai que la Picardie, étant un pays ouvert et dépourvu de places fortes, ne pouvait être défendue que par une armée, et que je n'en avais pas ; car, en supposant que les troupes cantonnées derrière la Somme voulussent se battre contre celles de Buonaparte, ce qui n'était pas probable, elles ne montaient pas en tout à sept mille hommes, et elles n'avaient ni artillerie, ni munitions ; tandis que Buonaparte avait une armée bien organisée de trente-cinq à quarante mille hommes, dont la détermination n'était pas douteuse, et qui était abondamment pourvue d'artillerie et de tout ce dont elle avait besoin.

La lettre du duc de Feltre et les nouvelles positives qui me parvinrent de la dissolution du camp de Melun, me déterminèrent à ordonner à toutes les troupes de quitter leurs cantonnements et de rentrer sur-le-champ dans leurs garnisons respectives. Cet ordre ramena à Lille le 12e de cuirassiers ; le retour de ce régiment me permit de faire sortir le 4e de lanciers, pour aller occuper Pont-à-Marque, Orchies et Saint-Amand, et pour observer la frontière. J'eus soin, en même temps, de donner l'ordre au colonel de se replier sur Valenciennes, Douai et Lille, dans le cas où les armées étrangères entreraient en France.

Le 19 mars, au soir, j'allai à la comédie avec le maréchal, le préfet (baron de Siméon), le maire (comte de Brigode) et les généraux. J'y fus reçu avec beaucoup d'acclamations. Plusieurs personnes m'adressèrent du parterre et même des loges des questions sur les nouvelles du moment, sur l'état des choses à Paris et sur la marche de Buonaparte, dont le nom n'était jamais prononcé sans être accompagné d'imprécations contre lui, et suivi de vœux pour le roi. L'impatience et le bruit augmentèrent à tel point, que je crus devoir faire ce que je n'avais jamais fait de ma vie; je me levai et je parlai de ma loge au public pour satisfaire sa curiosité. Je profitai de cette occasion pour faire connaître mes projets aux habitants de Lille. Je fis un appel à leur patriotisme, à leur loyauté, à leur attachement pour le roi, et je leur demandai de m'assister dans la noble entreprise de défendre nos places contre les ennemis, quels qu'ils fussent, de la France et du roi. Je leur développai alors, en peu de mots, le plan qui a été suffisamment expliqué dans ce qui précède, et comme je m'attendais, d'un moment à l'autre, à recevoir la nouvelle que Buonaparte s'était emparé de Paris, je tâchai de les y préparer, afin d'éviter qu'elle ne leur causât un découragement qui aurait pu rendre impossible la résistance que je voulais entreprendre de faire dans les places. Ma harangue fut accueillie par beaucoup d'applaudissements et de marques d'approbation.

20 MARS.

Instruction aux commandants des places.—Mesures de surveillance. — Communications télégraphiques. — Message au nom de Buonaparte.

Le lendemain de mon arrivée à Lille, le 20 mars, je chargeai le maréchal de faire connaître mes intentions à tous les commandants des places de la division. A cet effet, il expédia sur-le-champ, dans chacune des places, un officier d'état-major, porteur de l'ordre suivant :

ORDRE DU 20 MARS 1815.

« D'après les ordres de Son Altesse sérénissime Monseigneur le duc d'Orléans, commandant en chef les troupes stationnées dans les départements du Nord ;

» Il est ordonné à Messieurs ***, employés

à l'état-major de la 16e division militaire, de partir sur-le-champ de Lille, pour se rendre dans les places de Bergues, Dunkerque, Gravelines, Calais, Boulogne, Ardres, Saint-Omer, Aire, Béthune, Arras, Douai, Cambrai, Bouchain, Valenciennes, Maubeuge, Le Quesnoy, Avesnes et Landrecy.

» Chacun d'eux préviendra les commandants des places auxquelles il est envoyé de s'entendre sur-le-champ avéc les commandants de l'artillerie et du génie, et les autorités locales, pour qu'elles soient mises promptement à l'abri d'un coup de main, et approvisionnées pour trois mois. L'ordonnateur de la 16e division militaire et Messieurs les directeurs du génie et de l'artillerie, donneront au surplus des ordres à ce sujet.

» Chacun des officiers d'état-major ci-dessus désignés préviendra les commandants des places où il est envoyé, qu'ils ne doivent obtempérer à aucun ordre qui n'émanerait pas directement du roi, par l'intermédiaire de son ministre de la guerre ou de Son Altesse sérénissime Monseigneur le duc d'Orléans; qu'ils doivent refuser obéissance à tout gouvernement autre que celui du roi, et qu'ils ne doivent pas permettre qu'aucune troupe étrangère, sous quelque prétexte que ce soit, y soit admise. Il recommandera qu'on maintienne partout la plus grande union entre les habitants et les garnisons ; toutes les opinions doivent céder au cri pressant de la patrie ; tous les Français doivent éviter avec soin les horreurs de la guerre civile, en se ralliant autour du roi et de la Charte constitutionnelle.

» Copie du présent ordre sera remis à chacun de Messieurs les commandants de place.

» LE MARÉCHAL DUC DE TRÉVISE.

» Approuvé :

» LOUIS-PHILIPPE D'ORLÉANS. »

Le maréchal m'ayant informé qu'il n'y avait point d'officiers généraux chargés du commandement des places de Dunkerque et de

Cambrai, je nommai provisoirement, sur sa proposition, le général Vichery au commandement de Dunkerque et le général Thévenot à celui de Cambrai. Je leur donnai des instructions dans le sens de l'ordre ci-dessus; et je chargeai spécialement le général Thévenot de surveiller avec soin, mais avec beaucoup d'égards, les chasseurs royaux, afin de ne pas être prévenu par eux, et d'avoir le temps de les envoyer en cantonnement au Catelet, dans le cas où ils formeraient le projet de s'emparer de la place ou de se déclarer pour Buonaparte.

Après avoir donné ces ordres, j'allai visiter les fortifications et la citadelle de Lille, les magasins, les dépôts d'armes, etc., et je passai le reste de la journée en conférences, tant avec le maréchal qu'avec le préfet et le maire, sur les mesures que nous pouvions prendre pour empêcher que l'autorité de Buonaparte ne s'établît dans Lille et dans les places. Je m'efforcai en vain de faire exercer la surveillance active que les circonstances où nous nous trouvions semblaient exiger. Nous manquions entièrement de moyens de police (1). Le maréchal voulut y suppléer par une police militaire; il ordonna, à cet effet, à tous les colonels de lui faire tous les soirs un rapport sur la disposition des officiers et des soldats de leurs régiments, et enjoignit de même aux commandants de la place et de la citadelle de s'informer exactement de tout ce qui se passait.

Pendant que je visitais les fortifications, le télégraphe de Lille reçut une communication de celui des Tuileries; mais elle fut interrompue dès les premières syllabes, sans que le directeur en comprît le motif. Il était alors onze heures du matin. Le roi était parti dans la nuit, ce que je ne pouvais pas savoir : la dépêche était au nom de Buonaparte, et elle avait été interrompue par la précaution que le roi avait prise en partant de faire casser deux télégraphes de chaque ligne. Ceux de la ligne de Lille furent brisés au moment même où les indivi-

(1) Je ne pus jamais parvenir, malgré mes demandes réitérées, à obtenir un rapport exact du nombre et des noms des étrangers qui se trouvaient à Lille, ainsi que de ceux qui y arrivaient.

dus qui s'étaient déjà emparés des .Tuileries nous informaient à Lille du départ du roi, et de la prochaine arrivée de Buonaparte. La précaution du roi ne fit que retarder les communications ; car les employés des télégraphes mis hors de service se procurèrent aussitôt des chevaux, pour porter rapidement les messages de Paris à Lille; au lieu de cinq minutes ils les transmettaient en cinq heures. Au moyen de cet arrangement, je reçus à cinq heures du soir une dépêche télégraphique à peu près dans ces termes :

« L'empereur rentrera dans Paris, à la tête des troupes qui avaient été envoyées contre lui. Les autorités militaires et civiles en sont prévenues, pour qu'elles n'obéissent plus à d'autres ordres qu'aux siens, et que le pavillon tricolore soit immédiatement arboré. »

Aussitôt que j'eus connaissance de ce message, j'enjoignis au directeur du télégraphe de ne le transmettre nulle part, et de ne plus répéter aucun signal sans mon ordre ; mais il me répondit que le mal était fait, et que le message était déjà arrivé à Boulogne.

Je dis alors au maréchal de prendre les mesures nécessaires pour empêcher le télégraphe de communiquer aucune nouvelle de Paris. Il y envoya immédiatement une garde, afin qu'il n'y entrât plus personne, et il le fit démonter pour plus de sûreté. Quoique le télégraphe de Lille fût paralysé par cette mesure, cependant celui de Paris continua à faire des communications.

Cette nouvelle acheva de me déterminer à ne plus m'occuper que de la conservation des places, et je crus devoir ne pas différer à visiter moi-même les principales, et particulièrement Valenciennes.

21 MARS.

Je vais à Valenciennes. — Revue de la garnison. — Je retourne à Lille ; j'y trouve ma sœur. — Détails relatifs au départ de ma sœur.

Je partis de Lille dans la nuit avec le maréchal duc de Trévise, et j'arrivai le 21 mars, sur les neuf heures du matin, à Valenciennes, où je fus reçu par le lieutenant-général Dubreton, qui y commandait (1). Je le trouvai dans de très-bonnes dispositions, et je fus également content de celles que les troupes manifestèrent. Je parlai aux officiers comme je l'avais fait dans les autres garnisons, et j'eus lieu d'espérer que je serais bien secondé à Valenciennes, tant par les troupes que par les habitants, qui me paru-

(1) Le général Dubreton, dont il est ici question, s'était acquis une réputation brillante par la défense de Burgos en 1812.

rent animés du même esprit que j'avais remarqué dans tout le département du Nord.

Je revis Valenciennes avec plaisir. J'y avais été en garnison pendant huit mois, en 1791 et 1792, avec le 14e régiment de dragons (Chartres), dont j'étais alors colonel. J'y avais même exercé les fonctions de commandant de la place, parce que, par suite de l'émigration des officiers, je me trouvais déjà le plus ancien colonel de la garnison, quoique je n'eusse que dix-huit ans. Après avoir passé en revue les troupes de la garnison, visité les fortifications et pris connaissance des ressources de la place, je conférai avec les généraux et les chefs de corps, et je fis quelques dispositions relatives à Valenciennes et aux places voisines. Je chargeai ensuite le général Dubreton de veiller à l'exécution de ces mesures (1),

(1) En parcourant Valenciennes, je passai devant la maison que j'habitais en 1791, avec mon frère, le duc de Montpensier, qui était alors simple lieutenant dans mon régiment. Je ne pus résister à la tentation d'y entrer pour la revoir, et mon apparition imprévue avec les autorités civiles et militaires qui m'accompagnaient, causa à la dame qui y demeurait une grande frayeur, que je me hâtai de dissiper, en lui expliquant quel était l'objet de ma visite.

et je remontai en voiture avec le maréchal duc de Trévise, pour retourner à Lille. J'aurais bien voulu visiter aussi Condé, Maubeuge et les autres places; mais nous jugeâmes, le maréchal et moi, qu'il pouvait être dangereux de rester absents de Lille plus de quelques heures, et nous nous hâtâmes d'y retourner.

En revenant à Lille, le 21 mars, au soir, j'y trouvai ma sœur qui était arrivée dans la journée, avec la comtesse de Montjoie, sa dame d'honneur. Ce fut une grande consolation pour moi de la voir dans un lieu où, du moins pour le moment, elle était en sûreté.

Le roi m'ayant promis, avant mon départ, de faire avertir ma sœur à temps, dans le cas où il deviendrait nécessaire de quitter Paris, elle avait attendu cet avertissement jusqu'au dernier moment; mais lorsqu'elle apprit, le 19 mars, au soir, que l'armée de Melun s'était jointe à Buonaparte, et que rien ne pouvait plus l'empêcher d'arriver le lendemain à Paris; quand elle fut en outre informée que tout le monde partait, et qu'on se préparait à abandonner les Tuileries, elle n'attendit pas davantage l'avertissement du roi, et partit. Elle sortit de Paris dans une voiture attelée de quatre chevaux que j'avais eu la précaution de lui laisser, afin qu'elle eût la faculté de se mettre en route, quand elle voudrait; car je savais que dans ces moments de confusion, où chacun ne pense qu'à soi, il devient très-difficile et quelquefois impossible de se procurer des chevaux de poste (1). Ma sœur quitta le Palais-Royal, le 19 mars, dans la soirée. Quelques heures avant son départ, M. de Blacas s'y rendit pour avertir ma sœur, de la part du roi, que Sa Majesté quitterait Paris dans la nuit. M. de Blacas m'a dit, à Lille, qu'il était chargé de remettre en même temps une ordonnance de 100,000 francs à ma sœur, à qui cependant

(1) Madame la princesse Louise de Condé ayant attendu que le roi, selon sa promesse, lui donnât avis de son départ, fit chercher des chevaux de poste aussitôt qu'elle l'eût reçu ; mais il était trop tard; on lui répondit à la poste qu'on ne donnait plus de chevaux *sans un ordre du gouvernement impérial*, ce qui la mit dans l'impossibilité de quitter Paris avant l'entrée de Buonaparte. Ce ne fut que sept jours après qu'elle put enfin partir, au moyen des passeports que le duc d'Otrante lui accorda.

elle n'est jamais parvenue (1). Des ordonnances pour la même somme ont été remises à madame la duchesse de Bourbon et à madame la princesse Louise de Condé ; mais elles n'ont jamais été payées.

(1) Il est à remarquer que, pendant tout le temps que le roi est resté sur le trône, ma sœur n'a reçu aucun secours de la munificence royale, quoique le roi n'ignorât pas qu'elle ne possédait absolument rien ; puisque d'une part elle ne recevait pas de pension de ma mère, et que de l'autre la portion de la succession de mon père à laquelle elle avait droit, était réduite à rien. J'ai déjà observé, dans une note précédente que les biens libres de la succession de mon père, qui se trouvaient dans les mains de l'État à l'époque où ils nous ont été restitués, étaient bien inférieurs à la masse des dettes non liquidées, et que par conséquent cette succession était insolvable. Avant la Révolution, toutes les princesses du sang, mariées ou non, jouissaient d'une pension de cinquante mille francs, que le roi leur faisait ; mais depuis la Révolution, le roi n'avait pas jugé à propos de rétablir cet ancien usage.

22 MARS.

Lettre de M. de Blacas. — Ma réponse à la lettre de M. de Blacas. — Précis des mouvements du Roi après son départ de Paris. — Le Roi arrive à Lille. — Je reçois une lettre du prince d'Orange — Lettre du prince d'Orange. — Je prends les ordres du Roi au sujet de cette lettre. — Ma réponse au prince d'Orange. — Discussions dans la chambre du Roi. — Revue de la garnison. — Je mène ma sœur chez le Roi. — Arrivée du général Ricard. — Le Roi me communique une lettre de Monsieur. — Rapport du général Ricard. — Mon opinion sur ce que le Roi doit faire. — Je conseille au Roi de se rendre à Dunkerque et d'y envoyer sa maison militaire. — Le Roi se décide à partir pour Dunkerque, et expédie à sa maison l'ordre de s'y rendre. — Le Roi change d'avis et reste à Lille.

A mon retour à Lille, je ne trouvai aucune nouvelle du roi, et j'étais dans une grande perplexité à cet égard, lorsque je reçus, dans la nuit du 21 au 22 mars, la lettre suivante de M. de Blacas, à laquelle je fis immédiatement une réponse qu'il m'a dit n'avoir jamais reçue.

« Monseigneur,

» Le roi me charge de prévenir Votre Altesse sérénissime que Sa Majesté est arrivée à Abbeville, aujourd'hui, à six heures, après avoir quitté Paris à minuit ; qu'elle est suivie par tous les corps de sa maison, qui vient le rejoindre avec *Monsieur* et M. le duc de Berri. Sa Majesté attendra probablement que sa maison soit rassemblée ici pour prendre une détermination définitive.

» Le roi m'a ordonné d'envoyer un courrier à Monseigneur, pour l'instruire de sa marche et pour prier Votre Altesse sérénissime de lui faire savoir dans quelles dispositions se trouve l'armée sous ses ordres, quelle est précisément sa force, jusqu'à quel point elle peut y compter, où sont placées les troupes sous ses ordres, quelles places elles occupent; en un mot, la situation de l'armée et des places qui l'avoisinent, ainsi que l'esprit public qui règne dans ces places.

» Je suis avec le plus profond respect,

» De Monseigneur,

» Le très-humble et très-obéissant serviteur.

» BLACAS D'AULPS.

» Abbeville, le 21 mars 1815, à dix heures du soir (1). »

(1) C'est par erreur que M. de Blacas a daté sa lettre du 21 mars; elle a certainement été écrite le 20, car il avait quitté Abbeville le 20 à midi; et d'ailleurs il serait impossible que cette lettre fût arrivée à Lille le 22, à deux heures du matin, si elle était partie d'Abbeville le 21 à 10 heures du soir. En outre, il est dit dans le récit officiel publié à Gand, le 14 avril, que le roi est arrivé le 20 mars, à cinq heures du soir, à Abbeville, où il a été rejoint par le maréchal Macdonald, le 21 à midi, et que le rapport de ce maréchal détermina le roi à s'éloigner d'avantage de Paris, à aller s'enfermer dans Lille, et à envoyer l'ordre à sa maison militaire de l'y rejoindre par la route d'Amiens. Ce n'est donc qu'alors que ces résolutions ont été prises; et cependant, dans ce même récit officiel, on voudrait faire un tort au duc de Trévise, et par conséquent à moi, de ne pas les avoir devinées. Quant au retard de la lettre de M. de Blacas (elle avait été vingt-six heures à me parvenir), il était occasionné par un détour qu'avait fait celui qui me l'a remise. C'était un officier de la louveterie, qui probablement ne connaissait pas bien les routes. Il paraît qu'il s'est de nouveau perdu en s'en retournant, car M. de Blacas m'a dit ne l'avoir jamais revu.

» *P. S.* — J'ai eu l'honneur de passer, hier, chez Mademoiselle, elle était sortie ; j'ai su depuis qu'elle avait été rejoindre Son Altesse sérénissime. Le roi se porte très-bien. »

Voici la réponse que j'adressai à M. de Blacas, par le même courrier qui m'avait apporté sa lettre :

« Lille, le 22 mars 1815, à trois heures et demie du matin.

» Je reçois, mon cher comte, votre lettre du 21, à dix heures du soir, et je me réjouis de tout mon cœur de savoir le roi en bonne santé et hors du danger immédiat. Je ne sais pourtant encore que répondre à la question que vous me faites relativement à la disposition et au nombre des troupes sous mes ordres. Je les ai dirigées sur leurs garnisons respectives. Il paraît que les cuirassiers royaux n'ont pas exécuté l'ordre de rentrer à Arras, et je crains que cet exemple ne soit suivi par d'autres. Je ne puis assez me louer du maréchal duc de Trévise, qui manifeste la plus grande fidélité pour le roi et qui prend d'aussi bonnes mesures que les circonstances le permettent. Il tient à tous le meilleur langage et déploie vraiment un très-beau caractère. L'esprit des habitants de cette ville est excellent et très-prononcé en faveur du roi; mais vous ne savez que trop, mon cher comte, combien il est difficile de donner une opinion sur celui des troupes. Nous avons été inquiétés, cette nuit, par des rapports défavorables sur leurs dispositions, et je ne sais encore que vous en mander. Je tâcherai, demain, d'acquérir, à cet égard, des notions plus exactes; et j'en aurai le moyen, en observant l'effet que produira sur elles la nouvelle du départ du roi et celle de l'entrée de Buonaparte dans Paris. Je ne suis pas sans crainte à cet égard; mais je suis bien sûr du zèle du maréchal, et je vous prie d'assurer le roi que je ne m'y épargnerai pas non plus. Quant à la force de l'armée, je n'ai pas encore pu me procurer les états de situation des différents corps; je ne m'en suis pas spécialement occupé, sentant que sa force dépend plus de son esprit que de son nombre. Elle était, à Péronne, de quatorze bataillons et vingt-six escadrons très-faibles, et ne formait guère qu'un total de sept mille hommes : quant à l'artillerie, il n'y en a point, attendu que toute celle qui était disponible à Douai a été dirigée sur Paris, d'après les ordres exprès et réitérés du roi. Depuis que j'ai su le départ, j'ai expédié des ordres pour faire rétrograder tout ce qu'on pourrait en attraper; mais j'ai bien peur qu'il ne soit trop tard. J'ai ordonné de préparer à Douai deux batteries mobiles; celle que j'attendais hier soir n'est pas encore arrivée à présent. Quant à l'esprit public des places du département du Nord, je le crois bon; mais tout dépend des commandants. Pénétré de l'importance de leur situation, je m'efforce de leur faire sentir toute l'étendue de leurs devoirs. Veuillez, mon cher comte, me faire savoir où je vous adresserai les détails ultérieurs. Veuillez aussi mettre aux pieds du roi mes respectueux hommages, et recevoir l'assurance de toute ma considération.

» LOUIS-PHILIPPE D'ORLÉANS.

» *P. S.* Je vous remercie bien relativement à ma sœur. Elle est arrivée cette nuit ; et Dieu sait combien il me tarde de la savoir en lieu de sûreté ! »

Il me semble que la lettre de M. de Blacas est une preuve irréfragable que le roi n'avait pas formé d'avance le projet de se retirer à Lille, et une forte présomption qu'il n'avait arrêté aucun plan de retraite, jusqu'au moment fatal où il a été forcé de quitter la capitale. Le récit des mouvements du roi, après son départ, m'en fournira encore d'autres.

Le roi, en partant de Paris dans la nuit du 19 au 20 mars, se rendit en poste à Abbeville, et dirigea sur ce point tous les corps de sa maison. On ne prit aucune mesure pour m'informer du départ du roi et de la direction qu'il prenait.

Ce ne fut même que par les agents de Buonaparte que j'appris que le roi avait quitté Paris, quoiqu'il eût été si facile et si simple de me transmettre les ordres du roi, dès le 19 mars, par ce même télégraphe (1), qui notifiait le 20, à onze heures du matin, et la fuite du roi, et les ordres de Buonaparte. On aurait pu du moins m'envoyer un courrier au moment où le roi montait en voiture; mais on n'y pensa seulement pas. Rien n'était disposé à Abbeville pour la réception du roi et de sa maison, et on n'y avait pas pris plus qu'ailleurs des moyens de défense; en sorte que le roi y était à peine arrivé, qu'on reconnut l'impossibilité d'y tenir, et que toutes les destinations furent changées. Quatre ou cinq heures après son arrivée à Abbeville, le roi me fit écrire, le 20 mars, à dix heures du soir : *Que Sa Majesté attendrait probablement à Abbeville que sa maison s'y fût*

(1) Il est à remarquer que, le 19 mars, le ministre de la guerre m'écrivait encore sans m'annoncer le départ du roi, et me disait même qu'il ignorait ses intentions, et que, le même jour, le télégraphe continuait à précipiter le départ de l'artillerie et des gardes nationales des places.

rassemblée, pour prendre une détermination définitive. Le lendemain, sans attendre la réponponse aux questions qu'il m'avait fait faire, le roi partit pour Lille et envoya ordre à sa maison de s'y rendre par la route la plus directe. Il fit informer en même temps tous ses ministres, et les ministres étrangers accrédités auprès de sa personne, qu'il établissait à Lille le siége de son gouvernement.

Le roi arriva à Lille presque à l'improviste, le 22 mars, vers midi. J'étais à déjeûner avec le maréchal Mortier, lorsqu'on lui remit un billet par lequel le maréchal Macdonald (qui accompagnait le roi) l'informait que Sa Majesté arriverait à Lille une heure après son billet. Le maréchal se concerta aussitôt avec le préfet et avec le maire pour faire préparer une maison au roi, et il fut convenu que le roi serait logé chez M. de Brigode, dont la maison était belle et bien meublée. Le préfet fut informé en même temps que le roi venait fixer à Lille le siége de son gouvernement, et qu'on devait y attendre sa maison. Ces nouvelles ne tardèrent pas à circuler dans toute la ville, et produisirent le plus mauvais effet, surtout sur les militaires, qui manifestèrent, à cette occasion, la plus grande animosité contre la maison du roi.

J'avais ordonné une grande parade de la garnison pour le même jour, à midi, et je décidai que les troupes borderaient d'abord la haie pour l'entrée du roi, et que je ne les passerais en revue qu'après son arrivée.

J'avais fait fermer les portes de la place, afin de remédier au défaut de police et d'empêcher l'introduction des émissaires de Paris, autant que je le pouvais. Une heure fut fixée à chaque poste pour l'entrée et la sortie des gens de la campagne afin que cette mesure n'interrompît pas les marchés.

Lorsqu'on vint m'avertir que le roi arrivait, je montai à cheval avec le maréchal duc de Trévise, et nous allâmes au devant du roi par la porte de Béthune. Nous trouvâmes le maréchal duc de Tarente à l'entrée du faubourg, à pied, avec un seul aide de camp. Il paraissait extrêmement inquiet, et fut enchanté de nous voir; car il ne savait à quoi attribuer la fermeture des portes, et il en était d'autant plus alarmé, que des gens officieux lui avaient dit que la garnison était soulevée en faveur de Buonaparte, que c'était elle qui avait fermé les portes et que nous étions prisonniers, le maréchal et moi. En sorte que, comme il le disait lui-même, *il ne savait pas ce qu'il allait faire du roi.* Nous le fîmes monter sur un de nos chevaux, et nous l'emmenâmes avec nous au devant de Sa Majesté, que nous rencontrâmes à peu de distance de là.

Le roi avait dans sa voiture le prince de Poix, le duc de Duras et le comte de Blacas. Trois ou quatre voitures et quelques hommes à cheval formaient toute sa suite. Il s'était réuni beaucoup de monde auprès de la porte, et le roi entra à Lille au milieu des acclamations d'une foule considérable qui suivit sa voiture jusqu'à la maison où Sa Majesté devait descendre ; mais on n'entendit pas un seul cri de : *Vive le roi!* parmi les troupes qui bordaient la haie ; les soldats, les armes présentées, observaient un morne silence et tenaient les yeux fixés par terre, sans regarder la voiture du roi. Le roi fut très-frappé du contraste que présentait ce silence avec les cris du peuple, et en fit lui-même la remarque après être entré dans son cabinet.

Pendant que j'accompagnais la voiture du roi, un adjudant de la place me remit mystérieusement une lettre, et me dit qu'un officier anglais qui l'avait apportée attendait ma réponse hors des portes et demandait à entrer dans la place. Je renvoyai aussitôt l'adjudant de la place faire mes excuses à cet officier, et lui témoigner combien je regrettais que les circonstances où nous nous trouvions à Lille ne me permissent pas de l'y faire entrer, comme j'aurais été fort aise de le faire en toute autre occasion. En même temps, je le fis prier d'attendre dans le faubourg jusqu'à ce que j'eusse pris les ordres du roi, avant de répondre à la lettre qu'il m'avait apportée. Cette lettre était du prince héréditaire d'Orange, et je vais la apporter ici :

« Bruxelles, ce 21 mars 1815.

» Mon Prince,

» Apprenant que Votre Altesse sérénissime se trouve à Lille, je n'ai pas voulu manquer de lui communiquer que je fais faire des mouvements à l'armée alliée dans ce pays ; mais nous nous tiendrons strictement sur la défensive et respecterons le territoire français, à moins que Sa Majesté le roi de France ait besoin ou désire notre assistance ; dès lors, nous serons prêts à épouser sa cause. Si Votre Altesse sérénissime désirait me parler, je suis prêt à me rendre sur la frontière pour l'y rencontrer ; mais, dans toutes les circonstances, je la prie de toujours compter sur moi comme sur un des plus fidèles alliés de Sa Majesté Louis XVIII.

» J'ai l'honneur de me dire, avec tous les sentiments dûs à Votre Altesse sérénissime,

» Son très-dévoué serviteur et cousin.

» Guillaume, prince héréditaire d'Orange. »

Aussitôt que le roi fut entré dans son cabinet, je lui présentai cette lettre, en lui demandant ce que Sa Majesté m'ordonnait d'y répondre. Le roi me dit qu'il fallait y penser, et que, puisqu'il était arrivé à Lille, je n'y commandais plus.

— Eh bien, Sire, lui dis-je, je vais écrire au prince d'Orange que Votre Majesté étant arrivée à Lille, je n'y commande plus, et que c'est elle qui se charge de répondre ou de faire répondre à sa lettre.

— Cela n'est pas si pressé, me dit le roi. Et il appela M. de Blacas qui dit que, avant tout, il fallait prendre copie de cette lettre. Pendant qu'on la copiait, il s'engagea une conversation sur l'état des choses et sur ce qu'il y avait à faire dans le moment actuel ; mais la lettre étant revenue, je réitérai ma prière au roi, pour que Sa Majesté daignât me donner ses ordres. Je représentai que cela pressait, et que l'aide de camp du prince d'Orange attendait ma réponse dans le faubourg, parce que je n'avais pas cru prudent de le faire entrer dans la place, ce que le roi avait approuvé. Cependant, comme la chose traînait en longueur, et que la garnison m'attendait sur l'Esplanade depuis trois quarts-d'heure, je priai le roi de me permettre d'aller la passer en revue, espérant qu'à mon retour, je trouverais le roi décidé sur la réponse à faire au prince d'Orange. Le roi y consentit, et je sortis avec le maréchal duc de Trévise pour me rendre à l'Esplanade, où je passai la revue dont je donnerai les détails.

Je retournai ensuite chez le roi, qui n'avait encore pris aucun parti. La discussion qui s'engagea de nouveau et que je vais rapporter, me fit désirer encore plus de me borner à ce que j'avais d'abord proposé au roi, et je me déterminai à le supplier de trouver bon que je fisse simplement au prince d'Orange la réponse suivante. Le roi l'approuva, et chargea M. de Blacas de faire une réponse officielle en son nom.

« Lille, ce 22 mars 1815, trois heures après midi.

» Mon prince,

» J'ai reçu la lettre que Votre Altesse royale m'a fait l'honneur de m'écrire le 21 mars. Je la supplie d'abord de m'excuser si j'ai retenu son parlementaire pendant près de trois heures hors de la ville, et j'espère qu'elle le fera quand elle saura que ce temps était employé à l'entrée du roi dans la place, et à recevoir ses ordres.

» Je n'ai pas manqué de mettre la lettre de Votre Altesse royale sous les yeux du roi, qui me charge de lui témoigner combien Sa Majesté y est sensible et combien elle en est touchée ; mais, comme la présence du roi à Lille fait que je n'y commande plus, je ne puis, pour le moment, que témoigner à Votre Altesse royale toute ma sensibilité pour la communication qu'elle a bien voulu me faire, et l'assurer de toute ma reconnaissance pour les sentiments qu'elle manifeste à l'égard du roi, dans cette cruelle circonstance. Le roi me charge d'annoncer à Votre Altesse royale qu'elle ne tardera pas à recevoir une communication officielle de sa part.

» J'ai l'honneur d'être, avec tous les sentiments dus à Votre Altesse royale,

» Mon prince,

» Votre bien dévoué serviteur et cousin.

» LOUIS-PHILIPPE D'ORLÉANS. »

Il y avait déjà plus de trois heures que j'avais reçu la lettre du prince d'Orange, lorsque je fis enfin cette réponse. En sorte que je ne fus pas surpris d'apprendre que l'aide de camp qui l'avait apportée avait perdu patience, et qu'il était parti, après avoir attendu longtemps dans le faubourg. J'envoyai ma réponse à Tournai par un officier.

J'ai cru devoir raconter sans interrupton

tout ce qui était relatif à la communication qui m'avait été faite par le prince d'Orange. Je reviens à présent à la conversation qui eut lieu chez le roi, aussitôt après son arrivée à Lille ; je rapporterai ensuite ce qui s'est passé à la revue de la garnison.

Cette conversation eut lieu dans la chambre à coucher du roi, où il avait fait entrer les trois maréchaux: le prince de Wagram, le duc de Trévise et le duc de Tarente, ainsi que le comte de Blacas et moi. Le roi, s'adressant au duc de Trévise et à moi, nous demanda ce que nous pensions de l'état des choses à Lille, de la disposition des troupes et des habitants, et si nous croyions qu'il fût en sûreté dans la ville de Lille. Je répondis le premier, et, comme je connaissais parfaitement l'opinion du duc de Trévise, qui était conforme à la mienne, je dis à Sa Majesté que nous pensions que l'état des choses à Lille était très-précaire, qu'en général la disposition des habitants était favorable pour le roi et hostile envers Buonaparte; mais que cette population n'était pas capable de beaucoup d'efforts, et que le roi ne devait pas compter sur une coopération bien active et bien efficace de leur part. Quant aux troupes, je dis au roi qu'il avait lui-même remarqué leur silence, et que, quoiqu'elles n'eussent pas encore pris un parti définitif en faveur de Buonaparte, cependant il était toujours à craindre qu'elles ne s'y déterminassent, et que par conséquent il m'était impossible de dire au roi qu'il était en sûreté à Lille.

— Mais vous n'y voyez pas de danger immédiat? reprit le roi.

— Non, Sire, répondit le duc de Trévise, le danger n'est pas immédiat, mais il peut le devenir d'un moment à l'autre : l'esprit des troupes ne me permet pas de répondre d'elles; cependant je réponds que, dans ce moment-ci, Votre Majesté ne court aucun danger, et qu'elle n'en courra aucun tant que j'aurai une goutte de sang dans les veines.

Alors M. de Blacas demanda s'il ne serait pas possible de faire sortir les troupes, et de faire garder la place par la garde nationale de la ville, en attendant l'arrivée de la maison du roi.

Je représentai qu'il pourrait être difficile de faire sortir les troupes de la place ; que je doutais même qu'on pùt les y déterminer, à moins qu'elles ne fussent en même temps relevées par d'autres troupes françaises ; car, sans cela, elles croiraient qu'on ne voulait les éloigner que pour livrer la place aux troupes étrangères. Je rappelai au roi ce que je lui avais dit à Paris sur les bruits qui circulaient à cet égard, et je lui fis remarquer le danger qu'il pourrait y avoir à adopter des mesures qui leur donneraient de la vraisemblance. Je ne lui cachai pas que j'avais trouvé ces soupçons établis parmi toutes les troupes que j'avais visitées ; que partout j'avais été obligé de les combattre et que j'étais convaincu qu'on ne gagnerait rien sur l'esprit des militaires si on ne s'attachait pas, avant tout, à leur inspirer de la confiance et à les rassurer sur ce point. Quant à l'idée de confier la défense de la place à la seule garde nationale, j'observai que c'était une illusion de croire que Lille pût être défendue par sa garde nationale seulement, et que cette erreur était d'autant plus forte, que cette garde nationale était très-affaiblie par le départ de ses compagnies d'artillerie et d'un grand nombre de volontaires qui avaient été dirigés sur le camp de Melun. J'ajoutai que la garde nationale de Lille n'était que de douze cents hommes, dont quatre cents seulement étaient habillés; que par conséquent elle ne pouvait, dans aucun cas, suffire à la garde d'une place aussi étendue et aussi considérable que Lille (1), et que cette considération, jointe à toutes celles que j'ai déjà rapportées et que je tâchai de développer au roi, m'avait déterminé à y envoyer trois bataillons d'infanterie et un régiment de cavalerie. Je profitai de cette occasion pour informer le roi, que, si je n'avais pas pris sur moi d'arrêter et de faire rétrograder, en opposition directe à ses ordres, les deux dernières compagnies d'ar-

(1) Lille avait toujours, en temps de paix, une garnison de sept à huit mille hommes, et il en faut au moins quinze mille pour la défendre contre un siége régulier.

tillerie lilloise, Sa Majesté n'aurait pas trouvé un seul canonnier de la garde nationale dans la place.

Je crus ensuite devoir faire connaître au roi que son entrée à Lille, loin de dissiper les inquiétudes qu'on avait conçues sur la sécurité des places, avait fait craindre que le roi ne voulût y introduire une garnison étrangère, et que ce soupçon, qui faisait fermenter les têtes, avait justement été une des causes du mauvais accueil que les troupes lui avaient fait.

Les maréchaux ducs de Tarente et de Trevise appuyèrent fortement ce que je disais. Le roi convint de la nécessité de rassurer les esprits au sujet des places, et nous chargea positivement de démentir tous les bruits qui pourraient alarmer sur ce point, en nous assurant que l'idée d'introduire des troupes étrangères dans les places était bien loin de lui.

Après avoir essayé de convaincre le roi qu'il y aurait de grandes difficultés à faire sortir la garnison, et beaucoup de dangers à le tenter, j'entrepris de lui démontrer l'impossibilité de suppléer à l'insuffisance de la garde nationale pour garder la place et la défendre contre quelqu'attaque que ce fût, par l'introduction de la maison du roi, introduction à laquelle les troupes de ligne s'opposeraient bien certainement, soit qu'elles restassent dans la place, soit qu'on parvînt à les en faire sortir. Je dis au roi que sa maison était l'aversion de l'armée ; que j'ignorais s'il en était instruit, mais qu'il était de mon devoir de le lui dire. Il me dit qu'il le savait, et qu'il ne concevait pas d'où provenait cette antipathie. Je répliquai qu'elle venait de l'organisation et de la composition de cette maison, ainsi que de beaucoup d'autres causes dont je priai le roi de me dispenser de faire l'énumération. Je lui rappelai seulement que cette aversion de l'armée de ligne pour la maison du roi avait existé de même sous Louis XV et sous Louis XVI, et qu'elle devait être bien plus forte dans les circonstances où il se trouvait (1).

(1) Le maréchal Macdonald rappela à cette occasion à Sa Majesté que le premier mot qu'il lui avait dit à Compiègne, lors de la Restauration, avait été : « Sire, prenez la vieille garde pour votre garde, et ne faites pas de gardes du corps. »

Enfin, pour ne laisser aucune objection sans réplique, je fis la supposition que la maison du roi arrivât à Lille, et je dis que, dans ce cas, il me semblait impossible qu'elle formât une garnison suffisante pour une place d'un aussi grand développement ; car, sans parler des pertes que nécessairement elle aurait faites pendant la route, je ne croyais pas que toute la maison du roi se composât de plus de cinq mille hommes effectifs, dont quatre mille de cavalerie. J'observai que la presque totalité de cette cavalerie était des *officiers-soldats*, dont il serait difficile de tirer parti pour un service actif. On me répondit que les princes emmenaient, outre les corps de la maison du roi, un régiment suisse, les étudiants de l'École de Droit et quelques volontaires royaux. Cette réponse ne fit que me confirmer dans mon opinion, et ne me persuada pas que la réunion de tous ces corps pût former une garnison capable de défendre Lille.

Pendant le cours de cette discussion, les maréchaux, ainsi que je l'ai dit, manifestèrent souvent qu'ils partageaient mes opinions. Le maréchal Mortier dit au roi que si les gardes du corps paraissaient à Lille, ou seulement sur les glacis de la place, il ne doutait pas que la garnison ne se soulevât, et que le roi pouvait être sûr que toutes les troupes de ligne saisiraient avec plaisir une occasion d'en venir aux mains avec sa maison. Il alla même jusqu'à déclarer qu'il croyait nécessaire à la tranquillité de la place que le roi donnât une assurance qu'il n'y ferait pas venir sa maison.

Je crois que le roi se trouva fort embarrassé après nous avoir entendus. Il paraissait sentir la force de nos raisons et probablement il commençait à regretter de n'avoir pas fait plus d'attention à la prière que je lui avais adressée, dès mon retour de Lyon, pour l'engager à préparer des moyens de résistance ailleurs qu'à Paris; et à s'assurer au moins d'une place, s'il ne pouvait pas parvenir à en conserver plusieurs. Mais il n'était pas question de revenir sur le passé dans des circonstances semblables, où il s'agissait de sauver la France et le roi ; aussi, quand il nous demanda ce que nous croyions qu'il pouvait faire, je lui répondis que ce qu'il venait d'entendre devait lui prouver qu'il ne pouvait pas rester à Lille ; qu'il ne fallait pas qu'il y fît venir sa maison, et je croyais que le meilleur parti qu'il eût à prendre était de se retirer dans Dunkerque. M. de Blacas approuva l'idée de Dunkerque ; mais ce ne fut que le soir, après le dîner, que le projet fut discuté en détail.

Après cet entretien, je priai le roi, ainsi que je l'ai déjà dit, de me permettre d'aller passer en revue les troupes qui m'attendaient sur l'Esplanade. Je m'y rendis immédiatement avec le maréchal Mortier. Les troupes me reçurent fort bien ; et ces mêmes soldats qui, deux heures auparavant, n'avaient pas crié une seule fois : *Vive le roi !* firent alors entendre ce cri franchement. On peut induire de là que ces troupes n'avaient pas encore pris un parti définitif, et que le silence du matin provenait de la crainte que la maison du roi et peut-être les troupes étrangères ne vinssent à la suite de Sa Majesté. Après avoir parcouru le front de la ligne, je revins sur mes pas, en m'arrêtant successivement au centre de chaque régiment, où j'appelai les officiers en cercle. J'ai déjà donné la substance de mes discours aux troupes ; je me dispenserai donc de rapporter ici ce que j'adressai à chacun de ces corps. J'ajoutai à tout ce que j'avais dit précédemment que le roi venait de me répéter textuellement l'ordre de leur donner l'assurance qu'aucune troupe étrangère ne serait admise dans nos places, et que c'était *avec eux et par eux* que Sa Majesté comptait conserver à la France cette précieuse barrière. J'insistai plus fortement que je ne l'avais fait jusqu'alors sur l'étendue des maux qui accableraient la France si elle retombait sous le gouvernement de Buonaparte, et je leur fis connaître, par l'ordre exprès du roi, la déclaration du congrès de Vienne, en date du 13 mars (1); mais je m'aperçus qu'ils ne croyaient pas à l'authenticité de cette pièce. Ils avaient même

(1) Voyez les pièces officielles à l'appendice.

l'air d'être piqués qu'on pût les croire assez simples pour en être dupes (1).

Avant de faire rentrer les troupes, je décernai, au nom du roi, quelques décorations, et je fis exécuter sous mes yeux plusieurs évolutions. Je retournai ensuite rendre compte au roi de la manière dont la parade s'était passée.

Dans le courant de l'après-midi, je menai ma sœur faire sa cour à Sa Majesté, et, à six heures, je me rendis chez le roi, où je dînai ainsi que les maréchaux, les généraux, le préfet, le maire et beaucoup d'autres personnes. J'étais à table à côté du roi. On annonça le général Ricard, qui arrivait avec des dépêches de *Mon-*

(1) Rien ne peut mieux faire connaître la défiance et l'incrédulité des troupes, que la réponse que me fit un chef de corps, à qui je recommandais d'assurer ses officiers que le roi n'avait aucune intention de faire entrer des troupes étrangères dans les places. « On ne vous conte cela, me dit-il, que pour se servir de vous pour nous le persuader, mais vous n'êtes pas émigré, vous avez servi avec nous ; vous n'êtes pas, et vous ne serez jamais dans leur secret. Si cela se termine par une guerre étrangère, comme vous voulez nous le faire croire, vous verrez si le roi, sa cour et ses émigrés ne veulent pas faire entrer des troupes étrangères dans nos places. »

sieur. Le roi lut la lettre de *Monsieur* et demanda au général Ricard s'il savait quelqu'autre langue que le français.

— Sire, répondit-il, je parle l'italien.

— Eh bien! lui dit le roi, en italien, racontez-moi dans cette langue ce que vous avez à me dire.

Alors le général Ricard lui rendit compte de la situation dans laquelle il avait laissé les princes et la maison du roi à Granvilliers.

Aussitôt après le dîner, le roi passa dans sa chambre à coucher, et y appela de nouveau les trois maréchaux, M. de Blacas et moi.

— Messieurs, nous dit-il, je vais vous lire une lettre de mon frère, que je viens de recevoir, et vous me direz ensuite votre avis.

Dans cette lettre, *Monsieur* informait le roi que sa maison avait été tellement fatiguée par la première journée de marche (1), qu'il désespérait presque de pouvoir lui faire continuer sa route; que, dans cet embarras, il avait envoyé

(1) Cette journée avait été de quatorze lieues, et la maison du roi l'avait faite au grand trot, en accompagnant la voiture de Sa Majesté qui allait en poste.

M. de Castries à Dieppe, pour y préparer tous les bâtiments de transport qu'il serait possible de rassembler; qu'il allait s'y porter lui-même en y conduisant tout ce qui serait en état de le suivre, et qu'il s'embarquerait à Dieppe avec autant de troupes que les transports pourraient en contenir. *Monsieur* ajoutait qu'avant de s'embarquer, il licencierait le reste de la maison du roi, pour n'en pas compromettre les individus; mais qu'en les dispersant, il prendrait des mesures pour qu'on pût retrouver les hommes au besoin. Après cette lecture, le roi nous fit observer qu'à l'époque où *Monsieur* avait écrit cette lettre, il n'avait pas encore reçu l'ordre qui lui avait été expédié d'Abbeville, de se rendre à Lille avec la maison du roi; et que ce que *Monsieur* écrivait lui faisait craindre qu'il ne fût plus en son pouvoir d'exécuter cet ordre.

Le général Ricard confirmait ce que *Monsieur* mandait au roi. Son opinion était que *Monsieur* n'aurait pas pu exécuter l'ordre de conduire la maison du roi à Lille, et qu'il avait été forcé de continuer sa retraite sur Dieppe. Il ne dissimula pas qu'il y avait eu des symptômes de méconten tement dans la maison du roi, et il parla d'un bruit qui s'était répandu que Buonaparte avait envoyé de la cavalerie pour la poursuivre, quoique ce bruit lui parût sans fondement.

Il s'agissait de conseiller le roi sur le parti qu'il convenait de prendre dans cette circonstance. Sa Majesté m'ayant demandé mon opinion, je commençai par lui rappeler ce qui avait déjà été dit dans la matinée, pour lui démontrer qu'il était impossible qu'il restât à Lille. Je lui dis ensuite que je ne pensais pas que sa détermination dût dépendre de ce que ferait sa maison; que la lettre de *Monsieur* et le rapport du général Ricard, que nous venions d'entendre en détail, me portaient à croire que *Monsceur* n'aurait pas pu exécuter l'ordre que le roi lui avait expédié d'Abbeville, de se diriger sur Lille, et qu'il se serait retiré sur Dieppe, comme il l'avait annoncé; que, dans ce cas, le roi ne devait plus compter sur sa maison; mais que si *Monsieur* avait commencé le mouvement sur Lille, je ne voyais aucune difficulté à lui expédier l'ordre de conduire la maison du roi sur un autre point, si Sa Majesté se décidait à ne pas la faire venir à Lille. Je pensais donc qu'il fallait se borner à la discussion des questions suivantes :

1° Le roi peut-il rester à Lille, ou doit-il se transporter ailleurs?

2° Quelles sont les mesures à prendre dans l'une et l'autre de ces deux hypothèses?

Je commençai par examiner s'il était possible que le roi restât à Lille et y établît le siége de son gouvernement. J'observai que Lille renfermait une nombreuse population, et que, par suite du grand développement des ouvrages de son enceinte, elle ne pouvait être défendue et maintenue sous l'obéissance du roi, que par une force militaire bien organisée et pourvue de moyens de subsistance pour elle et pour les habitants. Je m'étais déjà efforcé de prouver, dans la discussion précédente, que la garde nationale de Lille était trop faible, non-seulement pour défendre cette place, mais même pour en faire le service, et qu'elle ne pourrait opposer aucune résistance à la plus légère tentative faite par des troupes entreprenantes. La lettre de *Monsieur* et le rapport du général Ricard devaient élever de grands doutes sur la possibilité que la maison du roi arrivât jamais à Lille; mais, en supposant qu'elle y arrivât, je croyais avoir démontré que cette force réunie à celle de la garde nationale, ne formerait pas même la moitié des troupes nécessaires pour tenir dans Lille; car l'arrivée de la maison du roi ne produirait qu'un renfort de trois ou quatre mille hommes, composés à la vérité de sujets fidèles et dévoués, mais la plupart *officiers*, peu habitués à la fatigue, et incapables de soutenir le service continuel et pénible qui serait nécessaire pour la garde d'une aussi grande place. Je répétai ce que j'avais dit tant de fois à Paris, sans être parvenu à le persuader, que l'amalgame des troupes de ligne avec la maison du roi ne se ferait jamais, et qu'il fallait opter entre elles; que par conséquent, il fallait renoncer à faire entrer des troupes de ligne dans la composition de la garnison, si la maison du roi devait en faire partie, et je déclarai qu'il me paraissait impossible de former une garnison capable de défendre Lille si les troupes en étaient exclues. Je fis sentir au roi que ce n'était pas dans des circonstances telles que celles où nous nous trouvions qu'on pouvait former cette garnison d'éléments décidément défavorables à sa cause, et que, pour y parvenir, il aurait fallu s'y prendre d'avance, ainsi que je l'avais inutilement suggéré à mon retour de Lyon; mais je n'insistai pas davantage sur un point qu'il était devenu inutile de discuter. Je me contentai de dire au roi qu'il fallait surtout voir les choses telles qu'elles étaient, et partir de là pour combiner les conseils que le roi nous ordonnait de lui donner. Or il me paraissait évident : 1° que la maison du roi ne pouvait, dans aucun cas, entrer à Lille; 2° que le roi ne pouvait pas y former d'autre garnison que celle qui y était; 3° que, dans cet état de choses, le roi n'était pas en sûreté à Lille. Je savais que l'arrivée du roi, la crainte que Sa Majesté ne voulût introduire des troupes étrangères dans la place, les propos peu discrets qui s'étaient tenus sur ce point, jusque dans l'antichambre du roi, où je les avais entendus (1), l'antipathie des troupes pour la maison du roi et en général pour les personnes qui composaient sa cour, avaient opéré d'une manière très-fâcheuse sur les esprits déjà ébranlés par les nouvelles de Paris. Je priai le roi de remarquer que Lille contenait une population de plus de soixante mille habitants, qu'aucune précaution n'avait été prise pour assurer leur subsistance, que nous n'y avions aucun moyen de police civile ou de surveillance militaire, et que la presse des circonstances ne nous laisserait probablement pas le temps de les organiser. Après avoir soumis au roi toutes ces considérations, j'ajoutai qu'il me paraissait inutile de discuter si le roi voulait essayer de rester à Lille, puisque la force des choses ren-

(1) J'y avais entendu dire tout haut, en présence de cinquante personnes, en parlant du mauvais accueil que les troupes avaient fait au roi : « Puisque ces messieurs font la moue, il n'y a qu'à envoyer un courrier à Tournai, faire baisser le pont-levis, et introduire dans Lille vingt bataillons anglais qui les mettront à la raison.

dait impossible qu'il y restât, et que j'étais bien convaincu qu'il n'y avait aucun avantage à le tenter, parce qu'en définitive, le roi n'y resterait pas. Je terminai en l'assurant que je croyais désirable, pour le succès de sa cause autant que pour sa sûreté personnelle, qu'il en partît immédiatement et se rendît à Dunkerque.

Je passai ensuite à l'examen de la seconde question que je m'étais proposée. Dès le matin j'avais dit au roi que je croyais qu'il pouvait se retirer à Dunkerque. Je lui représentai que quand même il pourrait rester à Lille, je lui conseillerais encore de préférer Dunkerque, parce qu'il y trouverait des avantages que Lille ne pouvait jamais lui présenter. Comme Dunkerque était un port de mer, sa situation donnerait au roi la faculté de communiquer librement, et sans intermédiaire, avec toutes les côtes de France et avec toute l'Europe. Il lui suffirait pour cela d'avoir une petite marine sous son pavillon, toujours prête à transporter, partout où il voudrait, sa personne, ses agents, ses troupes ou simplement ses ordres. Cette liberté de communications me paraissait de la plus haute importance pour le roi, surtout dans la supposition qui devenait chaque jour plus probable, que les armées alliées fussent sur le point d'entrer en France ; à Dunkerque, non-seulement le roi n'était pas dans leurs lignes d'opérations, mais il se trouvait entièrement séparé d'elles, et hors de leur dépendance. Enfin, si le roi réussissait, comme je le croyais, à s'établir à Dunkerque, il aurait l'immense avantage de ne pas sortir de France, et de pouvoir y attendre les événements, quels qu'ils pussent être, sans encourir le reproche d'avoir participé à l'invasion des puissances étrangères et à tous les maux qui devaient en résulter. J'observai qu'en restant à Lille, le roi ne pourrait jamais jouir de cette indépendance, puisque cette place serait nécessairement cernée par les alliés, dès leur entrée en France, et que ses agents et ses ordres ne pourraient plus arriver à leurs destinations que par l'intermédiaire des alliés, ce qui les décolorerait aux yeux des Français. Dunkerque présentait cet avantage; car, quoique cette place soit petite, elle est cependant très-forte, et sa position avancée aurait toujours rendu très-difficile pour Buonaparte d'en entreprendre le siége, avant d'avoir envahi la Belgique, et, par conséquent, de s'être exposé au choc des armées qui bordaient alors la frontière. J'ajoutais à ces considérations qu'il n'y avait à Dunkerque qu'une garnison très-faible (environ quatre cents hommes d'infanterie), que la disposition des habitants en sa faveur n'était pas douteuse; que, par conséquent, le contact de la maison du roi avec cette garnison ne serait point à craindre, et qu'il n'y aurait aucune difficulté à ce que le roi se servît de sa maison pour se maintenir dans cette place. Il était d'ailleurs probable que si le roi s'assurait de Dunkerque, Bergues (dont la garnison n'était pas de deux cents hommes), Gravelines, peut-être même Calais et Ardres, suivraient l'exemple de Dunkerque, et resteraient sous l'obéissance du roi. La réunion de ces places formerait déjà un petit royaume fort difficile à attaquer, et d'une grande importance ; et je pensais que cette possession d'une portion de la France donnerait au roi une grande force aux yeux de la nation et de l'armée, et beaucoup de consistance auprès des alliés. On pouvait, en outre, espérer que l'exemple de ces places en entraînerait d'autres. Je proposai au roi de me laisser à Lille avec le brave maréchal qu'il m'avait donné pour second, et je lui dis que, si je parvenais à prolonger l'état d'incertitude où était encore la garnison de Lille, je présumais que Douai et Valenciennes resteraient aussi en suspens ; mais je ne lui dissimulai pas que je croyais que les choses avaient été trop loin, et qu'il était trop tard pour que je comptasse sur le succès.

J'ajoutai à toutes ces raisons qu'il était douteux que les trésors du roi, qui étaient à Calais, pussent arriver à Lille, tandis qu'il n'y avait aucune difficulté à les transporter à Dunkerque, où le roi pouvait les embarquer, ou en disposer comme il le jugerait à propos.

Enfin, je conclus en disant au roi que mon avis était :

1° Que le roi expédiât sur-le-champ à sa maison militaire l'ordre de se rendre à Dunkerque ;

2° Que le roi partît immédiatement pour Dunkerque, en se faisant précéder par le maréchal Macdonald, et que Sa Majesté me laissât à Lille avec le maréchal Mortier.

J'ai tâché de réunir tous les arguments que j'ai employés pour motiver mon opinion dans le cours de cette discussion, qui fut très-longue, car elle dura cinq heures, mais dans laquelle, à la vérité, on s'est écarté du sujet principal. Il ne fut fait aucune objection solide au plan que je venais d'exposer. Les maréchaux et M. de Blacas l'approuvèrent, et le roi parut disposé à l'accepter. La seule objection que je me rappelle, fut que le général Vandamme habitait Cassel, par où le roi devait passer.

— Eh, mon Dieu, s'écria le maréchal Mortier, qu'est-ce que Vandamme peut faire au roi? Le roi le fera arrêter par deux gendarmes, s'il en a envie. Il n'y a point de garnison à Cassel, les habitants sont tous pour le roi. Vandamme n'a ni poids, ni consistance dans le pays, et se trouvera très-heureux que le roi ne s'occupe pas de lui. La disposition du peuple sur toute la ligne de Lille à Dunkerque est favorable au roi. Il n'y a que vingt-cinq lieues à faire, sur une des plus belles routes de France, et je réponds que Sa Majesté arrivera à Dunkerque, sans courir le moindre danger et sans éprouver aucune difficulté.

Le roi prit enfin son parti. Il expédia à *Monsieur* l'ordre de conduire sa maison à Dunkerque. Il ordonna au maréchal Macdonald de partir dans une demi-heure (il était alors minuit), et, passant dans son salon, il y annonça qu'il venait de prendre la résolution de se rendre à Dunkerque, et fit ordonner ses chevaux de poste pour une heure du matin. Puis, s'adressant au maréchal duc de Trévise et à moi, il nous dit d'aller nous reposer pendant une heure, et de revenir au bout de ce temps, pour l'accompagner jusque hors de la place, où nous rentrerions ensuite.

Nous retournâmes à l'hôtel du gouvernement,

et je me jettai sur mon lit sans me déshabiller, après avoir ordonné de seller mes chevaux à une heure moins un quart. Mais à minuit et demi, je vis entrer dans ma chambre un des secrétaires de la suite du roi, qui me dit :

— Le roi me charge de prévenir Monseigneur qu'il ne se dérange pas cette nuit, parce que Sa Majesté ne part plus; elle vient de faire décommander ses chevaux de poste.

Je ne m'attendais pas à cette nouvelle, cependant je la reçus sans être surpris, et je me contentai de lui dire :

— Voulez-vous bien en informer le maréchal duc de Trévise ?

— Le roi, me répondit-il, m'a ordonné de l'en prévenir aussi. Et il s'en fut.

Un moment après, le maréchal entra dans ma chambre, et me dit d'un air très-étonné :

— Mais qu'est-ce que c'est donc que tout cela ? Voilà le roi qui ne part plus!

— Je n'y entends rien, lui dis-je.

— Mais comment, reprit-il, abandonner en un quart-d'heure un plan adopté après cinq heures de discussion! un plan dont-il devrait attendre les plus grands avantages, sans qu'il l'exposât à aucun inconvénient! En vérité je crois qu'il faudrait retourner chez le roi, et lui faire quelques représentations, ou savoir au moins ce qui cause un changement de résolution aussi subit, aussi extraordinaire.

— Ma foi, lui dis-je, mon cher maréchal, ce ne sont pas mes affaires; j'ai dit au roi tout ce que je pensais, vous l'avez dit aussi; je ne vois pas de raisons pour y retourner, d'autant que si le roi l'avait désiré, il nous l'aurait fait dire. Je m'en vais donc tâcher de dormir, et je vous engage à en faire autant.

Le maréchal suivit mon conseil. Je n'ai jamais pu découvrir le motif d'une résolution aussi soudaine, et je l'ignore encore au moment où j'écris. Le maréchal duc de Tarente m'a dit avoir été également étonné de ce changement de résolution et n'en avoir pas plus pénétré les motifs, que le maréchal duc de Trévise et moi.

23 MARS.

Le Roi m'envoie chercher. — Conversation avec Sa Majesté. Le roi me notifie qu'il se décide à partir. — Mes observations à Sa Majesté. — Discours du maréchal Macdonald au Roi. — Le maréchal Mortier lui demande ses ordres. — Réponse du Roi. — Je demande au Roi ce qu'il veut que je fasse. — Le Roi quitte Lille et sort de France. — Je me décide à partir. — Ordre télégraphique pour le départ du Roi. — Cet ordre est réitéré par un aide de camp. — — Observations sur le départ du Roi. — Ordonnances datées de Lille, mais publiées à Gand dans une gazette. — Ma lettre au maréchal Mortier. — Ma lettre aux commandants de places.

Le 23 mars, entre sept et huit heures du matin, le roi m'envoya chercher ainsi que le duc de Trévise. Dès que le roi m'aperçut :

— Eh bien, Monsieur, me dit-il, je ne suis pas parti, comme vous voyez.

— Sire, répondis-je, j'ai reçu le message que Votre Majesté a daigné m'envoyer cette nuit pour m'en prévenir.

— Je n'ai pas voulu, reprit le roi, sortir de Lille comme un voleur, au milieu de la nuit.

— Ah ! Sire, lui dis-je, je ne vois pas quelle

analogie il aurait pu y avoir entre le départ du roi et la sortie d'un voleur. Mais d'ailleurs à présent, il fait jour.

— J'aime mieux rester à Lille.

— Je souhaite que Votre Majesté le puisse ; mais tout ce que nous voyons porte malheureusement à croire que cela ne pourra pas être long.

— C'est ce que nous verrons, dit le roi.

Un incident qui survint dans la matinée, entre neuf et dix heures, aurait pu devenir très-fâcheux. Quelques gens de la campagne se présentèrent à une des portes de Lille (la porte de Béthune), annonçant aux soldats de garde que le duc de Berri arrivait à la tête de deux mille Suisses, et qu'il n'était qu'à peu de distance de la place (1). Cette nouvelle se répandit dans la ville, et l'effet en fut fâcheux. Peu s'en fallut que les troupes ne prissent les armes, et qu'arborant la cocarde tricolore, elles ne se

(1) A cette époque, la maison du roi avait reçu l'ordre que Sa Majesté lui avait expédié d'Abbeville, et se dirigeait effectivemen sur Lille, par Béthune.

préparassent à recevoir le duc de Berri et les Suisses à coups de fusils et à coups de canon. Heureusement, le maréchal duc de Trévise fut informé à temps de cette rumeur. Il s'empressa d'aller en rendre compte au roi, qui le chargea de démentir ce bruit et d'assurer la garnison que sa maison, dont il avait changé la destination, ne venait point à Lille. La garnison se calma, et cela n'eut point d'autres suites.

Vers midi, le roi m'envoya chercher ainsi que les maréchaux, et nous fit entrer dans son cabinet, où se trouvait M. de Blacas. Il nous dit simplement qu'il nous avait mandés pour nous informer qu'il comptait partir à trois heures; mais il ne nous communiqua pas les motifs qui le ramenaient à cette résolution (1).

— Puis-je demander, lui dis-je, où Votre Majesté compte aller?

(1) Nous venions d'apprendre que le préfet avait reçu des dépêches du duc de Bassano, que Buonaparte avait chargé de remplir provisoirement les fonctions de ministre de l'intérieur. Mais, soit que le roi en ait eu connaissance, ou non, il ne nous en parla pas; et quant à moi, j'ignore encore ce qu'elles contenaient. J'ignore de même quelles furent les causes qui déterminèrent le roi aussi subitement à quitter Lille et à sortir immédiatement de France, et si ces dépêches eurent aucune part à cette résolution.

— Je passerai la frontière, me répondit-il; je vois que je ne peux pas rester à Lille, et il vaut mieux prendre son parti tout à fait.

— Sire, répliquai-je, je suis bien convaincu que le roi ne peut ni ne doit rester à Lille davantage, et que le plus tôt que Votre Majesté en partira sera le mieux; mais le roi peut quitter Lille sans sortir de France : pourquoi abandonner le projet de Dunkerque?

— Ah! Dunkerque, dit le roi, il y a vingt-cinq lieues d'ici à Dunkerque; je ne sais pas si j'y arriverais par la route directe, et d'ailleurs, ma maison n'y étant pas encore, ce serait la même chose qu'ici; je ne suis pas sûr qu'elle puisse s'y rendre, et après tout, je pourrai toujours gagner Dunkerque par dehors la frontière aussi bien que par dedans, si je le juge à propos.

— Ah! Sire, lui dis-je, que Votre Majesté ne se fasse pas de ces illusions-là; les frontières sont un Rubicon qu'on ne repasse plus si aisément, quand une fois on l'a franchi.

— Je ne vois pas de raisons pour cela, me

dit le roi; je compte m'en aller à Ostende, mais je ne m'y embarquerai pas de quelques jours; j'y attendrai des nouvelles et nous verrons.

Lorsque cette discussion fut terminée, le maréchal Macdonald lui adressa la parole, et lui dit d'un ton assez solennel :

— Sire, j'avais juré fidélité à Napoléon, et je me glorifie d'avoir été des derniers à le quitter. Je me glorifie de même d'être resté auprès de Votre Majesté jusqu'au moment où elle va sortir de France; mais je n'en sortirai point à sa suite. Je ne serais hors de France qu'un fardeau inutile pour elle. Je supplie le roi de recevoir ma démission et de me permettre de l'accompagner jusqu'à l'extrême frontière. Quand une fois j'aurai vu Votre Majesté en sûreté, je reviendrai ici d'où je me retirerai chez moi.

Le roi lui répondit qu'il acceptait sa démission, et lui fit un compliment très-flatteur sur la fidélité avec laquelle il l'avait servi, et sur les sentiments qu'il lui témoignait.

Le maréchal Mortier dit de même au roi

qu'il le priait de recevoir sa démission ; qu'il comptait, comme le maréchal Macdonald, se retirer chez lui ; mais qu'il désirait que le roi lui indiquât comment Sa Majesté voulait qu'il se conduisît dans son commandement, après son départ. Le roi lui répondit :

— Vous devez faire ce que les circonstances vous indiqueront ; je m'en remets à vous. Si elles vous obligent à mettre une autre cocarde à votre chapeau, faites-le ; mais vous conserverez toujours la mienne dans votre cœur, et je suis sûr que vous la reprendrez dans l'occasion.

— Je conserverai toujours dans mon cœur, reprit le maréchal, le souvenir des bontés de Votre Majesté.

Je m'adressai ensuite au roi, et je lui demandai ce qu'il voulait que je fisse.

— Ma foi, me dit le roi, vous pouvez faire tout ce que vous voudrez.

— Eh bien ! Sire, repris-je, puisque Votre Majesté me laisse cette latitude, voici ce que je compte faire : Je vais monter à cheval avec le duc de Trévise, pour accompagner le roi jusque sur le glacis; ensuite, je rentrerai dans la place, et j'y resterai aussi longtemps que je conserverai quelque espoir de pouvoir y soutenir la cause de Votre Majesté et de l'y servir. Je crains que cela ne soit pas long. Lorsque je serai convaincu de l'inutilité de mes efforts, je partirai; et je me rendrai immédiatement en Angleterre, pour y rejoindre ma femme et mes enfants, et y attendre les événements.

— C'est, me répondit le roi, tout ce que vous avez de mieux à faire.

A trois heures, le roi se mit en voiture, et nous montâmes à cheval. Un escadron de cuirassiers, commandé par le colonel du régiment, escortait Sa Majesté. On entendait des cris de : *Vive le roi!* dans la foule qui s'était réunie devant la maison qu'occupait Sa Majesté; mais, en la traversant, nous nous aperçumes qu'il y régnait de l'inquiétude; on nous demandait de tous les côtés si le roi quittait Lille, et où il allait. Nous avions l'air de ne pas entendre; mais ces questions devenaient très-embarrassantes, lorsque la voiture du roi s'arrêtait ; ce qui arriva deux fois avant de sortir de la ville, pour raccommoder des traits cassés. Une nouvelle difficulté arrêta le roi à la porte de la ville : les soldats de garde ne voulaient pas l'ouvrir ; le maréchal duc de Trévise perdit patience contre l'officier qui commandait ce poste, et la fit ouvrir d'autorité. Sur le glacis, je pris congé du roi ainsi que le maréchal duc de Trévise, avec lequel je rentrai immédiatement dans la place. Le maréchal duc de Tarente accompagna le roi jusqu'à la frontière et revint ensuite à Lille.

J'eus alors de nouvelles conférences avec les deux maréchaux, les généraux et les colonels, et je ne tardai pas à me convaincre qu'il n'y avait plus rien à faire, et que de plus longs efforts ne mèneraient qu'à compromettre ceux qui les feraient avec moi. Je me décidai donc à partir dans la nuit.

Ce ne fut que lorsque j'eus pris cette résolution que j'appris par le maréchal duc de Trévise (ce qu'il avait eu l'extrême délicatesse de me cacher, ainsi qu'au roi) qu'une dépêche télégraphique lui avait été transmise de quinze lieues, par laquelle il lui était enjoint d'arrêter le roi et tous les Bourbons qui pouvaient être à Lille. Il me dit, en outre, que, depuis le départ du roi, un aide de camp du maréchal Davoust (1) s'était présenté aux portes, qu'il se l'était fait amener, et qu'il l'avait trouvé porteur d'ordres dont l'objet était de faire arrêter le roi, ainsi que moi. Il ajouta qu'il s'était assuré de cet aide de camp, et, me priant de n'avoir aucun égard à ce qu'il venait de m'apprendre, il me demanda de rester à Lille aussi longtemps que je l'aurais fait si je n'en avais pas eu connaissance. J'appréciais déjà toutes les qualités du maréchal duc de Trévise, pour qui j'avais une amitié sincère, et je n'avais pas besoin de ce nouveau trait de loyauté pour rendre justice à la noblesse de son caractère.

(1) Le maréchal Davoust venait d'être nommé ministre de la guerre par Buonaparte.

Le roi, en quittant la France sans avoir laissé aucun ordre positif au maréchal duc de Trévise ni à moi, nous avait placés dans une position très-fâcheuse envers tous ceux auxquels nous avions précédemment donné des ordres spéciaux en son nom. Sa Majesté, n'ayant pas cru pouvoir rester en sûreté dans aucune partie du nord de la France, et s'étant retirée en pays étranger, avait reconnu tacitement, par son départ, l'impossibilité de faire résistance dans l'étendue de mon commandement, et, par conséquent, celle de mettre à exécution les ordres que j'avais donnés. Il me semblait qu'avant son départ, le roi aurait dû manifester à tous les Français quelles étaient ses intentions; mais il n'en a rien fait.

Il est sorti de France sans avoir rien prescrit; aucune ordonnance, aucune proclamation, aucun manifeste n'a même annoncé ce départ; rien n'a averti les fonctionnaires publics de la nouvelle position dans laquelle ils étaient placés, et ne leur a tracé la ligne de conduite que le roi voulait qu'ils suivissent; en sorte qu'il ne leur restait, de même qu'à tous les officiers de l'armée, d'autre guide que leur patriotisme et le sentiment de leur devoir.

Le premier numéro du *Journal universel*, publié à Gand le 14 avril, contient, à la vérité, deux ordonnances du roi, datées de Lille, le 25 mars (1) ; mais elles n'avaient jamais paru jusqu'alors, et je suis convaincu qu'elles n'ont pas été faites à Lille. Si elles l'avaient été, je pense que c'était un devoir pour le roi de faire connaître à tous les intéressés (et ces intéressés étaient toute la nation) les ordonnances d'après lesquelles il prétendrait ensuite juger ou faire juger leur conduite. Il est de notoriété publique que, le 25 mars, le roi pouvait promulguer et faire publier à Lille ces deux ordonnances ou telles autres qu'il aurait jugé à propos de rendre, et il est également notoire que le roi ne l'a pas fait, quoique cette formalité fût absolument indispensable pour qu'on eût ensuite la faculté de faire commencer l'exécution de

(1) Voyez les pièces officielles à l'appendice.

ces ordonnances, à la date qui leur a été donnée, trois semaines après, dans le journal de Gand.

Je ne saurais croire que si ces ordonnances avaient été réellement rendues à Lille, le roi ne les eût pas communiquées aux maréchaux ducs de Trévise et de Tarente, ainsi qu'à moi, lorsque nous lui avions demandé les ordres qu'il voulait nous laisser en partant. J'ai déjà dit qu'il avait répondu au duc de Trévise : « Vous ferez ce que les circonstances vous indiqueront ; » et que, prévoyant même que ces circonstances mettraient le maréchal dans le cas de substituer la cocarde tricolore à la cocarde blanche, il avait ajouté : « Faites-le, et quelle » que soit la cocarde que vous portiez à votre » chapeau, je suis bien sûr que vous conser- » verez la mienne dans votre cœur, et que » vous la reprendrez dans l'occasion. » Il serait impossible que le roi eût tenu ce langage, si les deux ordonnances avaient été rendues avant son départ de Lille, et j'avoue qu'il me paraîtrait impossible qu'il ne nous les eût pas communiquées, si elles avaient existé.

Le roi étant parti de Lille et ayant quitté la France sans avoir donné aucun ordre ou aucune instruction quelconque, soit au maréchal, soit à moi, nous avait investis du commandement, puisqu'il ne nous avait remplacé ni l'un ni l'autre. Je ne pouvais pas abandonner ce commandement et quitter le territoire français sans informer mes subordonnés du parti que les circonstances me forçaient de prendre ; je le devais d'autant plus, que je leur avais donné des ordres relatifs à un plan qui était devenu inexécutable (1) ; par conséquent, il était de mon devoir d'annuler ces ordres et de les prévenir que je renonçais à l'exécution de ce plan, ce qui les replaçait dans la position où ils étaient avant d'avoir reçu les ordres que je leur avais donnés pour cet objet. On a répandu que j'avais délié tous les commandants de places du serment de fidélité qu'ils avaient prêté au roi :

(1) Voyez l'ordre du 20 mars, page 185.

rien n'est plus faux, et rien ne peut mieux prouver la fausseté de cette assertion que la lettre suivante que j'écrivis au maréchal duc de Trévise, en lui remettant le commandement en chef, ainsi que la circulaire que j'adressai à tous les commandants des places, auxquels j'avais donné des ordres particuliers, qui est la pièce sur laquelle je présume qu'on a cherché à fonder cette calomnie.

« Lille, ce 23 mars 1815.

» Je viens, mon cher maréchal, vous remettre en entier le commandement que j'aurais été si heureux d'exercer avec vous dans les départements du Nord. Je suis trop bon Français pour sacrifier les intérêts de la France, parce que de nouveaux malheurs me forcent à la quitter. Je pars pour m'ensevelir dans la retraite et l'oubli. Le roi n'étant plus en France, je ne puis plus vous transmettre d'ordres en son nom, et il ne me reste qu'à vous dégager de l'observation de tous les ordres que je vous avais transmis, et à vous recommander de faire tout ce que votre excellent jugement et votre patriotisme si pur vous suggéreront de mieux, pour les intérêts de la France, et de plus conforme à tous les devoirs que vous avez à remplir. Veuillez faire transmettre les lettres ci-jointes à tous les commandants de places, auxquels j'avais adressé des ordres, afin d'emporter avec moi, dans le nouvel exil auquel je me dévoue, la satisfaction d'avoir rempli mes devoirs envers eux, comme je suis bien sûr qu'ils auraient rempli les leurs envers moi, si les circonstances l'avaient permis. Adieu, mon cher maréchal, mon cœur se serre en écrivant ce mot, conservez-moi votre amitié dans quelque lieu que la fortune me conduise, et comptez à jamais sur la mienne; je n'oublierai jamais ce que j'ai vu de vous pendant le temps trop court que nous avons passé ensemble; j'admire votre noble loyauté et votre beau caractère, autant que je vous estime et que je vous aime; et c'est de tout mon cœur, mon cher maréchal, que je vous souhaite toute la prospérité dont vous êtes si digne, et que j'espère encore pour vous.

» Votre affectionné.

» Louis-Philippe d'Orléans.

» *A Monsieur le duc de Trévise.* »

J'écrivis en même temps à chacun des officiers généraux commandant dans les places de la 16ᵉ division militaire, la circulaire suivante :

« Lille, le 23 mars 1815.

» Je vous préviens, mon cher général, que les malheureuses circonstances où nous nous trouvons ayant déterminé le roi à sortir de France, cet après-dîner, à trois heures, je vous dégage de l'observation des ordres que je vous avais transmis en son nom, et je m'en rapporte à votre jugement et à votre patriotisme pour faire ce que vous croirez le plus convenable aux intérêts de la France et à vos devoirs.

» Communiquez les dispositions de cette lettre aux commandants des places de votre commandement, et aux troupes sous vos ordres.

» Louis-Philippe d'Orléans. »

Après avoir terminé ces dispositions, il me restait à régler ce qui concernait mes aides de camp. Le baron Albert, qui était lieutenant-général, père de famille et propriétaire en France, ne pouvait ni ne devait penser à en partir pour me suivre en pays étranger. Le colonel Athalin et Raoul de Montmorency me proposèrent de m'accompagner et de s'attacher à mon sort; je fus pénétré de cette proposition, et j'aurais éprouvé une grande consolation à l'accepter, si d'une part, une longue et triste expérience ne m'avait appris combien mon sort était incertain, et si, de l'autre, je n'avais pas toujours eu pour principe de décourager l'émigration.

D'ailleurs Athalin était colonel du génie, et cette situation était infiniment préférable à tout ce que j'aurais pu lui offrir hors de France : Raoul étant fils unique ne devait compromettre ni sa famille, ni sa fortune ; je refusai donc leurs offres, quels que fussent mes regrets de me séparer d'eux.

Mes autres aides de camp étaient dans des positions différentes. Tous les biens de la succession à laquelle Camille de Sainte-Aldégonde était appelé étant en Belgique, il était naturel et même préférable qu'il sortît de France. Thibaut de Montmorency avait d'aussi bonnes raisons pour prendre le même parti, ainsi que M. de Chabot ; je ne pouvais donc pas leur conseiller d'agir autrement, et je me décidai à les emmener.

J'éprouvai aussi bien du regret à me séparer du maréchal Macdonald, pour qui j'ai depuis longtemps beaucoup d'amitié.

24 MARS.

Ma sortie de France.

Enfin, le 24 mars, à trois heures du matin, je montai en voiture avec ma sœur, madame de Montjoye et le maréchal duc de Trévise, qui voulut absolument m'accompagner jusque hors des portes, où je lui dis adieu. Ceux de mes aides de camp qui restaient en France me suivirent jusqu'à la frontière, où ils me quittèrent, ainsi que le détachement de cuirassiers qui m'avait escorté depuis Lille.

J'arrivai à Tournai à la pointe du jour. J'écrivis immédiatement au roi, pour lui rendre compte de ma sortie de France, et pour l'informer du grand service que le maréchal duc de Trévise venait de lui rendre. Je me hâtai ensuite de continuer ma route pour aller rejoindre, en Angleterre, ma femme et mes enfants.

FIN DU PREMIER VOLUME.

TABLE

DU PRÊMIER VOLUME.

---

5 Mars.

—

Pages

7 et 8 Mars.

—

9 Mars.

—

10 Mars.

—

12 Mars.

—

Pages.

16 Mars.

—

17 Mars.

—

18 Mars.

—

Pages.

19 Mars.

—

20 Mars.

—

21 Mars.

—

22 Mars.

FIN DE LA TABLE DU PREMIER VOLUME.

Poissy. — Imp. de G. Olivier.

www.ingramcontent.com/pod-product-compliance
Lightning Source LLC
LaVergne TN
LVHW020553230826
846091LV00002B/474